beck'sche reihe

b sr

In der erbitterten und gelegentlich ermüdenden Diskussion um die Rechtschreibreform wird Sachkenntnis oft durch argumentativen Eifer ersetzt. Die Rechtschreibung muß vereinfacht werden, sagen die einen. Die deutsche Orthographie gehört zur Eigenart der deutschen Sprache, meinen die anderen. Horst Haider Munske erläutert in diesem Buch Schritt für Schritt, wie die deutsche Rechtschreibung im Verlauf von Jahrhunderten entstanden ist. Er stellt ihre Grundstrukturen dar und erklärt ihre Eigenheiten. Das Buch ist ein kleiner, kompakter Reiseführer durch die deutsche Sprache und ihre Orthographie.

Horst Haider Munske war bis zu seiner Emeritierung ordentlicher Professor für germanische und deutsche Sprachwissenschaft und Mundartkunde an der Universität Erlangen-Nürnberg. Zum Thema Orthographie veröffentlichte er unter anderem *Orthographie als Sprachkultur* (1997) und *Die angebliche Rechtschreibreform* (2005).

Horst Haider Munske

Lob der Rechtschreibung

Warum wir schreiben, wie wir schreiben

Verlag C. H. Beck

Für Barb

Originalausgabe

© Verlag C. H. Beck, München 2005
Satz: Fotosatz Reinhard Amann, Aichstetten
Druck und Bindung: Druckerei C. H. Beck, Nördlingen
Umschlagentwurf und Abbildung: +malsy, Bremen
Printed in Germany
ISBN 3 406 52861 9

www.beck.de

Inhalt

Vorwort	7
1. Einführung	9
2. Alphabet und Alphabetschrift	15
3. Schrift als Symbol	25
4. Rechtschreibung für Leser	30
5. Laut-Buchstaben-Beziehungen	33
5.1 Allgemeines	33
5.2 Komplexität und Mehrwertigkeit	37
5.3 Mehrwertige Laut-Buchstaben-Beziehungen	40
5.4 Vokalkürze und Vokallänge	43
5.5 Wie schreibt man Diphthonge?	49
5.6 Unser ‹ng›	51
5.7 Schtich und Schpitze	52
5.8 Vaters Frevel	53
5.9 Rückblick	54
6. Stammschreibung	57
6.1 Keine Auslautsverhärtung in der Schrift	57
6.2 Die Umlautzeichen <ä> und <äu>	59
6.3 Doppelkonsonanten	61
6.4 Geschriebene Flexion	62
6.5 Gleich gesprochen – verschieden geschrieben	62
7. Das ß	64
8. Das Kummerwörtchen *daß*	69
9. Groß oder klein?	73
9.1 Eine Charakteristik im Überblick	73
9.2 Wie ist die Groß- und Kleinschreibung entstanden?	74
9.3 Grundregeln der Substantivgroßschreibung	76
9.4 Grundregeln der Kleinschreibung	80

9.5 Die mißverstandene Artikelprobe	90
9.6 Erste Hilfe	95
10. Getrennt oder zusammen?	98
10.1 Einführung	98
10.2 Verben mit Verbzusatz	102
10.3 Wortfressende Partizipien und Adjektive	105
10.4 Getrennt und zusammen – ein Fazit	108
11. Fremdwörter – fremde Wörter?	110
11.1 Übersicht	110
11.2 Integration	111
12. Wie trennt man Wörter verständlich?	115
13. Das Komma	117
14. Charakteristik der deutschen Orthographie	123
14.1 Konservative Schriftkultur	123
14.2 Lateinisches Alphabet und deutsche Sprache	126
14.3 Haut der Sprache	128
14.4 Aufmunterung	130
Sonderzeichen und Abkürzungen	131
Literatur	132
Anmerkungen	138

Vorwort

Warum ein Lob der Rechtschreibung? Haben wir nicht alle, dann und wann, unsere Schwierigkeiten mit ihr? Sind wir nicht froh, daß uns der Computer endlich vom Duden erlöst hat? Und möchten wir nicht, daß die Debatte um die Rechtschreibreform endlich ein Ende nimmt? Aber natürlich ein Ende in der gewünschten Richtung, nicht ein Ende *per ordre de mufti*.

Die deutsche Rechtschreibung hat viel Schelte erfahren. Ihre angeblichen Mängel waren Grundlage und Begründung einer Reform. Die neuen Ufer einer einfacheren, systematischen, allseits anerkannten Neuregelung wurden aber nicht erreicht. Uns war versprochen worden, daß das richtige Schreiben nach einer Reform viel leichter werde und selbstverständlich auch das Unterrichten in der Schule. Solche Erwartungen waren von vornherein zu hoch. Denn diejenigen Bereiche der deutschen Rechtschreibung, die vielen als besonders reformbedürftig gelten, wurden in dieser Reform ausgespart. Weder sollten Dehnungs-h und ie abgeschafft werden noch die Großschreibung der Substantive. Und auch die Unterscheidungsschreibung von *daß* und *das* bleibt erhalten. Ja, es ist wie ein Hohn auf die stete Forderung, diese Rechtschreibfalle endlich zu beseitigen, daß nunmehr lediglich *daß* zu *dass* reformiert wird.

Dennoch halte ich diese Zurückhaltung beim Reformieren für richtig und werde sie ausführlich begründen. Hier sei nur eines gesagt: In der langen Debatte sind teils die Mängel der geltenden Rechtschreibung, teils die Mängel der Reform angeprangert worden. Warum wir schreiben, wie wir schreiben – das wurde nur am Rande berührt und nirgends angemessen dargestellt. Damit befaßt sich dieses Buch. Dabei kommt uns zugute, daß die Grundstrukturen unserer Rechtschreibung seit über 200 Jahren recht stabil sind und eben auch durch die Rechtschreibreform, was auch immer von ihr übrigbleibt, wenig verrückt wurden.

Wie aber kann man die Rechtschreibung loben? Es geht mir nicht darum, die Bedeutung des Schreibens und Lesens, dieser phänomenalen Kulturtechnik, zu preisen. Wem wäre das nicht bewußt! Vielmehr möchte ich Erklärungen geben, wie die Grundregeln unserer deutschen Rechtschreibung entstanden sind. Dabei wird vor allem der Frage nachgegangen, inwieweit diese Regeln zu unserer Sprache passen. Dies ist eine Grundfrage, bevor man mit dem Reformieren anfängt: wozu dienen diese Regeln? Welchen Sinn haben sie? Es ist nicht verkehrt, von der Annahme auszugehen, daß die Entwicklung unserer Schriftkultur bestimmten Bedürfnissen der Sprachgemeinschaft gefolgt ist. Auch das galt es aufzudecken.

Wir bewegen uns dabei auf dem fachlichen Sektor der Schriftlinguistik, der Grammatik und der deutschen Sprachgeschichte. Dennoch sollte dies auf keinen Fall ein Buch werden, das nur Fachleute verstehen. Unsere Rechtschreibung ist eine öffentliche Angelegenheit. Ihre Erklärung muß jedermann zugänglich sein. Hier stellte sich die Frage: Kann man sprachwissenschaftliche Sachverhalte ohne sprachwissenschaftliches Vokabular behandeln? Wie entgeht man dem Jargon der Fachbücher und Zeitschriftenaufsätze? Nichts gegen diese Textgattungen, die mir als Autor und als Leser wohlvertraut sind. Es ist leicht, sich in dieser vertrauten Umwelt wie im warmen Wasser zu bewegen. Für alle übrigen aber, die sich für Sprache interessieren, bleiben solche Texte schwer zugänglich. Ich habe mir deshalb beim Schreiben vorgestellt, ich müßte gebildeten Zeitungslesern etwas erklären. Nur wenige Fachwörter kommen vor und werden jeweils vorgestellt. Meist habe ich sie nur in Klammern aufgeführt. Das soll die Brücke herstellen zur Fachliteratur. Anmerkungen und Literaturhinweise stehen in Fußnoten am Ende des Textes.

Ein Prüfstein für die Lesbarkeit des Textes war die kritische Lektüre einer mir besonders vertrauten Leserin. Ihr ist dieses Büchlein gewidmet. Danken möchte ich im übrigen all jenen Redakteuren verschiedener Zeitungen, die mir in den vergangenen Jahren die Spalten ihrer Blätter geöffnet haben. Sie sind die Profis des Schreibens, von denen ich zu lernen versucht habe.

Ich hoffe, daß dieses kleine Buch dem Verständnis unserer Sprache und unserer Rechtschreibung dient.

Erlangen, im April 2005 *Horst Haider Munske*

1. Einführung

Die deutsche Orthographie ist lobenswert. Lobenswert ist sie für die vielen guten Eigenschaften, die das Lesen erleichtern, ohne das Schreiben besonders schwer zu machen. Darin übertrifft sie die Schriftnormen vieler weitverbreiteter Sprachen. Zu loben ist sie vor allem für ihre Einheitlichkeit, die in langer Tradition gewachsen und vor über hundert Jahren einvernehmlich besiegelt wurde. Sie hat in ihrer Geschichte eine große Anpassungsfähigkeit an die Sprachentwicklung und die Bedürfnisse ihrer Benutzer bewiesen. Das ist noch heute eine ihrer Stärken. Ein besonderes Lob verdient sie für die Widerstandskraft, die sie gegenüber zahllosen Reformversuchen gezeigt hat. Diese dankt sie natürlich ihren Verteidigern, die sich nicht von platten Nützlichkeitsideen ins Boxhorn jagen ließen, die Ausdauer bewiesen und Überzeugungskraft.

Und ich lobe sie auch für ihr Alter, für die Züge kontinuierlicher Entwicklung und geschichtlicher Herkunft, die sie nicht verbirgt. Ihre Kindheit liegt im frühen Mittelalter bei christlich-frommen Mönchen, die die Kunst des Schreibens mit lateinischen Buchstaben in den spätlateinischen Schriften der Kirchenväter und der Vulgata-Bibel kennengelernt hatten. Sie übertrugen diese Schrift auf ihre bairischen, alemannischen und fränkischen Dialekte, die nie zuvor aufgezeichnet worden waren. Ähnlich hatten fast ein Jahrtausend zuvor Freunde der griechischen Kultur deren Schrift auf italische Dialekte übertragen und damit jene lateinische Schriftkultur begründet, die schließlich die ganze Welt erobert hat. Spuren dieser Adaptionsgeschichte prägen bis heute auch die deutsche Orthographie und sind ein Teil ihrer Eigenart.

Unser Lob kann sich allerdings nicht darauf beschränken, Vertrautes und Geschätztes hervorzuheben; es muß diese charakteristischen Züge aus ihren Regeln begründen, die sich in Jahrhunderten herausgebildet haben und die ihre Bewährungsprobe immer wieder bestanden haben. Damit werden auch die Leistungen der einzelnen Bereiche unserer Orthographie erklärt und bewußt gemacht.

Auf diesem Wege stoßen wir auf verschiedene Eigenheiten, die zwar funktionieren, aber keineswegs auf die einfachste und systematischste Weise geregelt sind. Sie werden seit langem als Mängel unserer Rechtschreibung angeprangert, die es zu reformieren gelte. Am häufigsten werden dabei die komplizierten Regeln genannt, die der Bezeichnung der Vokalkürze und der Vokallänge im deutschen Wortschatz dienen. Warum, so fragen die Kritiker, schreibt man *schon* (ohne Dehnungszeichen), aber *Lohn* (mit Dehnungs-h) und *Boot* (mit Doppelvokal)? Warum schreibt man *Bibel* (ohne Längebezeichnung), aber *Biene* (mit Dehnungs-e), *ihnen* (mit Dehnungs-h) und *fliehen* (mit doppelter Längebezeichnung)? Warum wird zusätzlich auch noch die Vokalkürze durch Verdoppelung des Folgekonsonanten markiert wie in *Schritt* und *Gewinn*? In Wörtern wie *Wonne* und *wohne*, *Bitte* und *biete*, *ihnen* und *innen* wird der Kontrast sozusagen doppelgemoppelt angezeigt. Ist das nicht überflüssig? Würde eins von beiden nicht genügen? Man könnte z. B. ganz auf die Bezeichnung der Vokallänge verzichten.

Diese Eigenart der deutschen Orthographie ist bereits einem der ersten Kritiker und Reformer, dem Barockdichter Philipp von Zesen, aufgefallen. Seitdem gehört die systematische Vereinfachung in diesem Bereich zum festen Bestandteil aller Reformprogramme. Nur in der jüngsten Reform wurde nach ersten Protesten darauf verzichtet. Es gehört zum Lob unserer Rechtschreibung zu erklären, warum solche Eigenarten so schwer zu verändern sind, warum gerade sie als unveräußerlicher Ausdruck der Identität unserer Sprache gelten.

Im folgenden skizziere ich den Aufbau dieser kleinen Abhandlung in 14 Kapiteln. Wir beginnen mit einer Einführung in den Charakter und in einige Besonderheiten unserer Alphabetschrift (Kapitel 2). Sie ist uns so vertraut und so selbstverständlich, daß wir gar nicht darüber nachdenken, daß es früher auch andere Formen der Verschriftung von Sprache gab und in anderen Ländern noch heute gibt. Ein Blick auf eine der ältesten Schriftsysteme der Menschheit, die chinesische Wortschrift, läßt uns die Spezifik unserer Alphabetschrift, ihre Stärken, aber auch ihre systembedingten Schwächen besser erkennen.

In sprachwissenschaftlichen Darstellungen zur Schriftgeschichte und über einzelne Orthographien findet man kaum eine Bemerkung über die Einschätzung der Schrift als Symbol der betreffenden Sprache in der Sprachgemeinschaft. Denn dies reicht über die konkreten Analysen zur Entwicklung und zum System einer Rechtschreibung hinaus. Hier wird dieser Punkt (in Kapitel 3) allen Einzelbetrachtungen vorangestellt, weil er zu verstehen hilft, warum Orthographien generell so resistent sind gegen Reformen. Die Schriftform der Muttersprache, die heute fast jeder als Kind gelernt hat, nimmt in unserer Wertschätzung die Rolle der Sprache selbst ein.

Ein viertes Kapitel ist Beobachtungen gewidmet, die erst in neueren Untersuchungen zur Geschichte der Orthographie deutlich wurden und die dem Benutzer unserer Rechtschreibung selten bewußt sind: daß es zwei Perspektiven für eine Einschätzung der Rechtschreibung gibt, die des Schreibers und Schreiblerners und die des Lesers. Das Lesen findet natürlich tausende Male häufiger statt als das Schreiben, und die Entwicklung unserer Rechtschreibung seit Einführung des Buchdrucks ist ganz einseitig darauf ausgerichtet, dem Leser eine schnell faßbare und eindeutige Information zu geben. Das stellt selbstverständlich auch höhere Anforderungen an das richtige Schreiben und begründet den Dauerkonflikt, den Rechtschreibreformen zu lösen versuchen.

Dieser Grundgedanke ‹Was dient dem Leser, was dem Schreiber?› prägt die folgenden neun Kapitel, in denen die einzelnen Themenfelder der deutschen Orthographie vorgestellt werden und in denen ich versuche, die Vorzüge der jeweiligen Regelung sichtbar zu machen. Am ausführlichsten ist das 5. Kapitel über die Laut-Buchstaben-Beziehungen. Denn hier geht es um das Grundprinzip jeder Alphabetschrift, das Verhältnis von Buchstaben und Lauten einer Sprache. Allerdings ist dies für die einzelnen Sprachen recht unterschiedlich geregelt, obwohl sich die meisten von ihnen der lateinischen Buchstaben bedienen. Wie das im Deutschen geschieht und warum unsere Rechtschreibung viele Laut-Buchstaben-Beziehungen kennt, die es in keiner anderen Orthographie gibt, das wird dort in Grundzügen erklärt.

Eine wichtige Rolle für das Verständnis der deutschen Rechtschreibung kommt dem sog. Stammprinzip bzw. der Stammschreibung zu (Kapitel 6). Warum schreiben wir *Bild* und *Hund,* obwohl wir beide Wörter am Ende mit hartem t sprechen? Warum schreiben wir *älter,* aber *die Eltern,* obwohl beide Wörter mit dem gleichen kurzen e-Laut beginnen? Im Grunde wird hiermit das leitende

Prinzip verletzt, einen Laut möglichst immer durch den gleichen Buchstaben wiederzugeben. Davon gibt es zwar, wie wir sehen werden, zahlreiche Ausnahmen. Sie erklären sich aber zumeist als historische Relikte. Die Stammschreibung dagegen weist in hohem Maße regelhafte Züge auf, sie beruht nicht auf Zufall oder Willkür, sondern ergänzt den systematischen Lautbezug unserer Rechtschreibung durch einen systematischen Bezug auf den Wortstamm, auf die morphologische Ebene der Sprache. Die Beibehaltung des d in *Bild* und *Hund* wie in allen anderen Beugungsformen (*Bildes, Bilde, Bilder, Bildern, Hundes, Hunde* usw.) signalisiert die Bedeutungseinheit des betreffenden Wortes, ungeachtet seiner lautlichen Abwandlung in der Flexion. Eine ähnliche Funktion hat die Umlautschreibung in *länger* (zu *lang*) und *Häuser* (zu *Haus*). Daß es sich hierbei wiederum um eine leserorientierte Eigenart handelt, läßt sich auch schriftgeschichtlich erklären.

Einem Zeichen (ß) und einem Wort (*daß*) ist je ein eigenes, das 7. und 8. Kapitel gewidmet, weil der Buchstabe ß nur im deutschen Schreibsystem vorkommt und weil das Wörtchen *daß* einen Sonderfall darstellt. Hier scheiden sich die Geister zwischen entschiedenen Gegnern und Befürwortern der Rechtschreibreform, während es einer Mehrheit wahrscheinlich egal ist, ob man ß teilweise oder gar ganz durch ss ersetzt.

Unter der Überschrift ‹groß oder klein› (Kapitel 9) behandeln wir eine andere Besonderheit der deutschen Orthographie, die von vielen gelobt und heiß verteidigt, von anderen bekämpft wird. Zweifellos handelt es sich bei der deutschen Substantivgroßschreibung um eine leistungsstarke, aber in einigen Details komplizierte Regelung. Die bisherigen Darstellungen hierzu sind jedoch teilweise so unklar, daß vielen die Beseitigung dieser Regel als die allereinfachste Lösung erschien. Ich werde versuchen, die besondere Qualität dieser Regelung herauszustellen und zu zeigen, wie man sinnvoll mit ihr umgehen kann.

Zu trauriger Berühmtheit wurde der Gegenstand des 10. Kapitels durch die Rechtschreibreform der Kultusministerkonferenz. ‹Getrennt oder zusammen?› – das war in bisherigen Darstellungen der Rechtschreibung kein wichtiges Thema. Erst der Versuch, dieses Randgebiet grundsätzlich zu regeln und dabei einiges zu vereinfachen, hat auf seine Bedeutung aufmerksam gemacht. Denn es geht hier um die Frage der Abgrenzung der Wörter in einem Text durch einen kleinen Zwischenraum, scheinbar eine Selbstverständlichkeit. Da wir jedoch ständig neue Wörter bilden, müssen wir auch eine Entscheidung zu ihrer Abgrenzung in der Schreibung treffen. So wird man in dem Satz *er kann nicht frei sprechen* leicht erkennen, daß *frei* als Adverb zu *sprechen* ein eigenes Wort ist. Anders in dem Satz *Der Richter wird den Angeklagten freisprechen*. Wir entscheiden uns (entsprechend bisheriger Regelung) für Zusammenschreibung, weil wir *freisprechen* als lautliche und semantische Einheit empfinden. Dieses neue Verb ist auch syntaktisch eigenständig. Es verlangt stets ein Objekt im Akkusativ. Erst die Debatte um die Rechtschreibreform hat (seitens der Kritiker) zu neuen Einsichten über den Wandel im deutschen Wortschatz geführt, den die Rechtschreibung natürlich auf ihre Weise abbilden muß.

Zu einem klassischen Thema der Rechtschreibung, den Fremdwörtern, führt das 11. Kapitel. Fremde Wörter haben meist fremde Schreibungen, entsprechend den Regeln der Sprache, aus der sie stammen. Behalten sie diese Schreibung auch im Deutschen bei, wie z.B. *Chauffeur* oder *Diphthong*, so haben alle ein Problem, die nie Französisch oder Latein und Griechisch gelernt haben. Fremdwörter sind deshalb, je häufiger gebraucht, um so eher der Eindeutschung ausgesetzt. So schreiben wir *Perücke* statt (wie im Französischen) *peruque* und inzwischen auch *Telefon* und *Fotograf* neben *Telephon* und *Photograph*. Auch auf diesem Gebiet gehen die Orthographien der europäischen Sprachen sehr unterschiedliche Wege. Der deutsche ist konservativ mit ein paar liberalen Streifen.

Nur am Rande der Rechtschreibung steht die sog. Silbentrennung (Kapitel 12), d.h. die Trennung von Wörtern am Zeilenende. Das kommt besonders häufig in Zeitungstexten vor, da die Blockspalten sehr schmal sind. Deshalb sollten sich entsprechende Regeln am Zeitungsleser orientieren und ihm den Übergang zur nächsten Zeile leicht machen. Den Reformern ist dies leider mißlungen. Wir werden sehen, warum.

Die Zeichensetzung galt anfangs überhaupt nicht als Teil der Rechtschreibung und war deshalb in den Regeln, die 1901 vereinbart wurden, gar nicht enthalten. Erst 1915 wurden sie in den Duden aufgenommen. Wir besprechen im 13. Kapitel lediglich ein umstrittenes Thema, die Kommaregeln. Auch hier geht die deutsche Orthographie eigene Wege, die schätzenswert sind.

Damit beenden wir die Besprechung der Rechtschreibregeln und wenden uns wieder allgemeineren Fragen zu, die nicht nur für die deutsche Orthographie bedeutsam sind. Im letzten Kapitel (14) geht es um eine zusammenfassende Charakteristik der deutschen Orthographie. Als erstes wird dazu ein Grundzug aller Schriftsysteme erläutert, ihre Konservativität, die den Grundpfeiler ihrer Kontinuität darstellt. Als zweites wird im Rückblick auf die vorausgegangenen Kapitel noch einmal dargelegt, wie die Übertragung der lateinischen Schrift und der Lautwandel des Deutschen bewältigt wurden. Und als letztes wird zusammengefaßt, wie vielgestaltig unsere Rechtschreibung auf die verschiedenen Ebenen der Sprache Bezug nimmt. Dies mündet in ein Resümee über das Verhältnis von Schrift und Sprache.

Es ist nicht Ziel dieses Buches, die Rechtschreibreform zu erörtern oder zu kritisieren, obwohl dies gelegentlich unvermeidlich war. Ich kann sie nicht loben, aber ihre Motive in gewissem Maße verstehen. Alle diese seit Jahrhunderten mit viel Engagement vorgetragenen Verbesserungsvorschläge sind auch ein Spiegel kritischer Reflexion auf die eigene Sprache, teils von eigensinnigen, selbstdenkerischen Verfassern, teils von Schulmännern, Sprachwissenschaftlern oder Kultusbeamten. Daß solche gutgemeinten Bemühungen in der Sprachgemeinschaft häufiger verspottet als befolgt wurden, das gehört auch zum Leben mit der Sprache, an dem wir alle teilhaben.

2. Alphabet und Alphabetschrift

Nichts scheint einfacher als unser Alphabet: 26 Buchstaben in einer bestimmten Reihenfolge von A bis Z. Daraus lassen sich alle Wörter des Deutschen zusammensetzen. Glücklicherweise benutzen auch die meisten Nachbarsprachen dieses Alphabet, so daß wir ihre Wörter leicht übernehmen können. Warum aber heißt es lateinisches Alphabet, wo doch dieses Wort selbst deutliche Merkmale altgriechischer Herkunft zeigt? Schon das läßt eine lange, vielleicht komplizierte Vorgeschichte erahnen.

Das Wort *Alphabet* wurde im Mittelalter aus dem kirchenlateinischen Wort *alphabetum* ins Mittelhochdeutsche entlehnt und geht zurück auf ein entsprechendes griechisches *alphabetos,* das sich aus den Bezeichnungen für die ersten beiden Buchstaben des griechischen Alphabets *alpha* und *beta* zusammensetzt. Diese wiederum sind Entlehnungen aus ’*alph* und *bēt*, den ersten Buchstaben eines phönizischen Alphabets. Es gilt als gesichert, daß die Griechen das Schreiben mit einer Lautschrift aus der semitischen Sprache der Phönizier – vielleicht auf Zypern oder Kreta – übernommen haben. Die graphische Buchstabenform, ihr Lautbezug, die Buchstabennamen und die Reihenfolge der Buchstaben, beginnend mit alpha und beta, belegen diese Herkunft.[1] Allerdings gelang den Griechen bei der Adaption eine geniale Zutat. Das hat ihr Alphabet zum Prototyp phonographischer Verschriftung werden lassen. Das phönizische Alphabet war eine reine Konsonantenschrift, wie sie auch aus der hebräischen Überlieferung der Bibel bekannt ist. Als Griechen begannen, die phönizischen Zeichen und deren Lautbezüge auf ihre Muttersprache zu übertragen, zeigte sich zweierlei: eine Reihe von Konsonantenzeichen wurde nicht benötigt, da es diese Laute im Griechischen nicht gab. Andererseits fehlten Zeichen für die Vokale. Dafür wurden die überschüssigen Konsonantenzeichen benutzt, um ein vollständiges Inventar als Abbild der griechischen Laute zu gewinnen. Heute können wir diesen epochalen Vorgang der Begründung eines vollständigen Lautalphabets als ein Phänomen des Sprach- und Kulturkontakts begreifen. Am Beginn der Schriftadaption muß eine verbreitete Zweisprachigkeit und die Vertrautheit mit der semitisch-phönizischen Schriftkultur gestanden haben. Dies machte einen Vergleich beider Sprachen in Hinblick auf die Verschriftung, die Entdeckung des Mangels und deren Beseitigung möglich. Während die semitischen Sprachen auf Grund ihrer Silbenstruktur durchaus in einer Konsonantenschrift lesbar waren, erforderte das Griechische aber (als indogermanische Sprache) zusätzliche Vokalzeichen. Das gilt auch für alle anderen Sprachen dieser großen Sprachfamilie, auch für das Deutsche. Die Übertragung eines Schriftsystems auf eine andere Sprache hat sich seitdem vielfach wiederholt. Dies scheint überhaupt der Regelfall der Entstehung neuer Schriftkulturen. Schon im 8. vorchristlichen Jahrhundert wurde die neue vollständige Alphabetschrift auf italische Sprachen angewandt. Das begründete die römische Schriftkultur. Die lateinische Schrift fand später über die Traditionen des Christentums den Weg über die Alpen und in die moderne Welt. Die Erhaltung des Wortes *Alphabet* in allen europäischen Sprachen, die Bewahrung der lateinischen Buchstabenzeichen selbst, ihrer Reihung und der meisten Lautbezüge – dies alles ist Ausdruck außerordentlicher Kontinuität im Schriftwesen.

Wie stabil dies ist, zeigen auch die Schwierigkeiten, neue Zeichen in das Alphabet einzugliedern. Die deutschen Umlautzeichen ä, ö und ü entstanden erst im 17. Jahrhundert aus einem übergeschriebenen e. Sie werden in den meisten Wörterbüchern wie a, o und u eingeordnet (als gäbe es die Umlautstrichelchen nicht), im Telephonbuch dagegen stehen ä, ö und ü hinter ae, oe und ue, weil sie wie diese ausgesprochen werden. Die skandinavischen Sprachen hingegen stellen ä und ö bzw. ø, æ und å ans Ende ihrer Alphabete. Und unser ß wird mit ss gleichgesetzt, als hätte es keine eigene Funktion. Das lateinische Alphabet scheint sich einer Änderung geradezu zu widersetzen. Das gilt auch für das Wort selbst. Zwar hat es schon früh (im Mittelhochdeutschen) eine Übersetzung von *Alphabet* als *Abc* gegeben. Doch blieb dessen Verwendung auf den Schulunterricht beschränkt. Dagegen hat sich um das Wort *Alphabet* eine ganze (auch international verbreitetet) Wortfamilie mit vielen Ableitungen und Zusammensetzungen gebildet (*Alphabetisierung, Analphabet, alphabetisch usw.*).

Einen ähnlichen Zeugniswert wie *Alphabet* hat das Wort *Ortho-*

graphie, dem wir noch heute die Herkunft aus dem Griechischen ansehen. Dort bezog es sich ursprünglich auf das Zeichnen im Bauwesen. Seit wann es das richtige, das normgerechte Schreiben bezeichnete, ist nicht überliefert. Doch wäre es gut denkbar, daß *Orthographie* in dieser Bedeutung im Zusammenhang der attischen Schriftreform vom Jahre 403 v. Chr. gebraucht wurde. Damals wurde die ionische Schriftvariante per Volksabstimmung für die Aufzeichnungen der Gesetze und für den Schulunterricht festgelegt.[2] Eine ähnliche Aufgabe übernahm 23 Jahrhunderte später die Berliner Rechtschreibkonferenz für das Deutsche. Sie vereinheitlichte die leicht abweichenden Schulorthographien deutscher Städte und Länder, wobei nicht zufällig die preußischen Regeln als Vorbild dienten.

Auch das Wort *Orthographie* hat die Entlehnung ins Lateinische unbeschadet überstanden und ist von dort in alle europäischen Sprachen übernommen worden. Im 15. Jahrhundert ist es im Deutschen bezeugt. Hier wurde es offenbar erst gebraucht, als man sich in Schulen und ersten Orthographielehren um richtiges Schreiben bemühte. 1571 begegnet erstmals die Übersetzung *Rechtschreibung,* Glied für Glied dem griechischen Original nachgebildet. Durchgesetzt hat es dann der Grammatiker Justus Georg Schottel in seinem Werk «Ausführliche Arbeit Von der Teutschen HaubtSprache» vom Jahre 1663. Seitdem werden beide Wörter als Synonyme gebraucht.[3] Das ‹richtige Schreiben› war also offenbar eine Forderung, die schon in der Frühzeit europäischer Schriftlichkeit erhoben wurde. Das griechische Wort belegt es und sagt damit viel über die Bedeutung der Normierung von Schriftsystemen. Alle kühnen Behauptungen, man könne auf Normen doch einfach verzichten, mißachten Grundbedingungen der Schriftlichkeit, die so alt sind wie diese selbst.

Mit dem Siegeszug der Alphabetschrift in zwei Jahrtausenden entstanden zahllose, je eigene Orthographien für die betreffenden Einzelsprachen, vor allem mit Hilfe des lateinischen Alphabets. Dies läßt fragen: Was ist das Besondere, das Einmalige an der Alphabetschrift? Ich erläutere zunächst diesen Punkt und gehe dabei auch auf einige spezifische Schwächen dieser Verschriftungsart ein, die immer wieder den Wunsch nach Reformen entstehen lassen. Dann gehe ich über zu einem kurzen Vergleich mit anderen Schriften.

Das Besondere ist leicht erkennbar: Wir können mit einer sehr kleinen Anzahl von Buchstaben eine unendliche Menge von Wörtern graphisch abbilden. Im Deutschen sind es 26 Buchstaben wie schon im Griechischen, unsere eben genannten vier Besonderheiten ä, ö, ü und ß nicht mitgezählt. Daß dieses kleine Inventar ausreicht, alle vorhandenen und zukünftigen Wörter zu schreiben, ist möglich, weil die einzelnen Zeichen keine bestimmte Bedeutung haben (wie z. B. die Zahlzeichen 1, 2, 3 usw.), sondern sich nur auf die begrenzte Zahl von Lauten der Sprache beziehen. Abstrakt ausgerückt: Buchstaben stellen eine visuelle Beziehung zu den einzelnen Lauten einer Sprache her. Darum spricht man hier von Laut-Buchstaben-Beziehung. Diesen Typ der Verschriftung nennt man Phonographie. Andere Formen der Verschriftung beruhen auf der Beziehung graphischer Zeichen zu Begriffen (Ideographie) oder Wörtern (Logographie), die älteste Form der Verschriftung ist die Bilderschrift (Piktographie).

Nun wäre es schön, wenn alle Sprachen die gleichen Laute hätten und sich dafür der gleichen Zeichen bedienten. Beides ist aber nicht der Fall. Zwar haben alle Menschen die gleichen Artikulationsorgane, Mund, Zunge, Zähne, Lippen, aber die einzelnen Sprachen verwenden nicht alle erzeugbaren Laute. Ostasiatische Sprachen nutzen die Tonhöhe zur Unterscheidung von Wörtern, den europäischen Sprachen ist dies fremd. Viele Sprachen kennen keine Umlautvokale wie das Deutsche, keinen ch- und sch-Laut, keine Affrikaten pf, tz. Sie benötigen die besonderen Zeichen und Zeichenverbindungen nicht, die wir dafür entwickelt haben. Viele Sprachen bedienen sich diakritischer Zusatzzeichen, die sie über oder unter bestimmte Buchstaben setzen, wie z. B. die drei Akzentzeichen auf Vokalen des Französischen (é, è, ê). Dies ist jedoch nur einer der Gründe für die Unterschiedlichkeit der Orthographien auf der Basis lateinischer Buchstaben. Andere hängen mit der Art der Schriftadaption, mit der Lautgeschichte der betreffenden Sprache sowie der eigenständigen Entwicklung der Rechtschreibung zusammen.

Als Ideal phonographischer Verschriftung wird oft ein sogenanntes 1:1-Verhältnis von Buchstaben und Lauten genannt. Ein einzelner Buchstabe soll sich immer auf einen Laut beziehen, und jeder einzelne Laut soll stets nur einen graphischen Repräsentanten haben. Das gibt es im Deutschen kein einziges Mal. Manche nennen hier den Buchstaben j, der innerhalb des deutschen Erbwortschatzes immer den Laut j bezeichnet. Aber wie steht es mit Wörtern wie *Yacht* und *Feuilleton*? Der Laut j wird einmal durch das Zeichen y, einmal durch die Zeichenverbindung ill wiedergegeben. Und was ist mit *Journalist* und *Jazz*? Der Buchstabe j steht hier einmal für den stimmhaften Reibelaut ʒ, zum anderen für die Affrikate dʒ. Sobald man den Fremdwortschatz des Deutschen in die Analyse der Orthographie einbezieht – und das muß man natürlich, genauso wie in den Wörterbüchern –, dann erscheint das 1:1-Verhältnis nur mehr als eine Bezugsgröße, mit der man Orthographien verschiedener Sprachen vergleichen kann, aber keineswegs als ein realistisch anzustrebendes Ideal. Eine solche Behauptung wird stets von jenen aufgestellt, die eine grundlegende Rechtschreibreform anstreben und die Schlechtigkeit der jeweiligen Norm am Abstand von einem 1:1-Verhältnis messen. Der Typus der Alphabetschrift besteht aber lediglich darin, daß Schriftzeichen einen Bezug haben auf Sprachlaute, mehr nicht. Wie diese Beziehung im einzelnen aussieht, ist eine Frage einzelsprachlicher Ausgestaltung.

Es gibt nur ein Verschriftungssystem, das gewissen Einfachheitsforderungen annähernd entspricht: das internationale Transkriptionssystem IPA. Bekanntlich dient es aber nur der Wiedergabe von Lauten für den Sprachunterricht, niemals der gegenseitigen Informationsübermittlung, der menschlichen Kommunikation. Es ist eine künstliche, frei erfundene Verschriftungsform mit sehr eingeschränktem Gebrauchwert. Natürliche Orthographien sind aus dem Bedürfnis entstanden, etwas dauerhaft zu dokumentieren, etwas mitzuteilen. Sie tragen sämtlich die Züge ihrer Entstehung und ihrer eigenständigen Entwicklung und sind darum niemals auch nur annähernd ideal konstruiert. Aber sie funktionieren, denn sie sind Repräsentanten von Sprachen, sie werden gelernt, gelesen und geschrieben. Dafür sind sie zu loben und nicht zu bemäkeln.

Bevor wir in der Erläuterung der Alphabetschrift fortfahren, muß eine Konvention eingeführt werden, die in der Schriftforschung üblich und unersetzlich ist: die Unterscheidung von Lauten und von graphischen Zeichen, die sich auf diese beziehen. Für beides stehen uns nur die Buchstaben des Alphabets zur Verfügung. Aber gerade, wenn wir über ihr Verhältnis zueinander sprechen, muß ganz klar sein, was gemeint ist. In der älteren sprachgeschichtlichen Forschung wurde das oft nicht beachtet. Man bedient sich heute zweier Zeichen, um klarzustellen, was gemeint ist. Reden wir von Lauten bzw. Lautklassen (Phonemen), so wird der Buchstabe in Querstriche gestellt, Vokallänge durch Doppelpunkt markiert (Beispiel: Vokal lang i heißt /i:/). Ist von der Schreibung die Rede, so stellen wir das Zeichen in spitze Klammern (Beispiel: Schriftzeichen i wird bezeichnet als <i>). Verkürzt läßt sich die Laut-Buchstaben-Beziehung dann folgendermaßen darstellen: <i/i:/> d. h. lang i wird durch das Schriftzeichen i wiedergegeben, z. B. im Wort *Bibel*.

Wo liegen nun die erwähnten Schwächen phonographischer Verschriftung? Kurz gesagt in dem Umstand, daß der Bezug auf Laute immer ein Bezug auf die aktuellen Laute einer Sprache ist. Was aber geschieht, wenn sich das Lautsystem wandelt? Wird die Schreibung dann jeweils angepaßt? Was geschah zum Beispiel, als gegen Ende des Mittelalters im damaligen Deutsch viele kurze Vokale gedehnt und einige lange gekürzt wurden, als vor allem die meisten Diphthonge zu Langvokalen vereinfacht und umgekehrt andere Langvokale zu Diphthongen zerdehnt wurden (Monophthongierung und Diphthongierung)? Dieser grundlegende Umbau des mittelhochdeutschen Vokalsystems geschah, als sich bereits eine Norm der Verschriftung des Mittelhochdeutschen eingebürgert hatte, mit der Folge, daß zunächst einmal weitergeschrieben wurde wie bisher, auch wenn jetzt eine Zeichenfolge <liebe> nicht mehr auf einen Diphthong /i-e/ bezogen wurde, sondern auf den neuen Laut /i:/ (lang i). So erhielt das Zeichen <ie> den aktuellen Lautbezug /i:/. Das gilt z. B. für die Wörter *bieten, Miete, Krieg, Brief, die* und viele andere. Zu gleicher Zeit entstanden weitere Langvokale durch Vokaldehnung, z. B. bei den mhd. Wörtern *rise* <Riese>, *sigen* <siegen>, *vil* <viel>, *inen* <ihnen>, *im* <ihm>, *mir* <mir>, *dir* <dir>. Die ersten drei werden heute mit <ie> geschrieben, die nächsten beiden mit <ih> und die anderen ohne irgendein Längezeichen.

Für die ie-Schreibung liegt die Erklärung nahe: der neue Laut-Buchstaben-Bezug <ie/i:/>, der sich aus der Beibehaltung von <ie> trotz veränderter Lautung ergeben hatte, wurde jetzt generalisiert und auf weitere Fälle von lang i übertragen. So kam es dazu, daß im Deutschen der Laut /i:/ in der Regel durch <ie> wiedergegeben wird, eine Eigenheit unserer Rechtschreibung, die von keiner anderen geteilt wird, eben weil sie auf einem für das Deutsche spezifischen Lautwandel beruht. Reste der mittelhochdeutschen Diphthonge finden sich im übrigen in vielen oberdeutschen Ortsnamen. Die Osttiroler Stadt *Lienz* wird bis heute mit i-e gesprochen, nur durchreisende Piefkes führen hier die Monophthongierung zu lang i durch, die es in den örtlichen Dialekten nie gegeben hat. Bei der Weltstadt *Wien* hat sich dagegen die dialektferne Standardaussprache mit lang i durchgesetzt, außer natürlich bei den Wienern selbst. Einige Ortsnamen in Norddeutschland zeigen eine umgekehrte Entwicklung, die Generalisierung von e als Längezeichen auch nach anderen Vokalen, z. B. in *Coesfeld* und *Soest*, die beide mit langem o (nicht ö) gesprochen werden.

Es bleibt die Frage, wie unser Dehnungs-h in *ihnen* und *ihm* entstanden ist. Dazu müssen wir auf Beispiele mit anderen Vokalen zurückgreifen, in denen es noch häufiger auftritt. In mhd. *zehen* ‹zehn›, *sehen* ‹sehen›, *stahel* ‹Stahl›, *gemahel* ‹Gemahl›, *vorhe* ‹Föhre› und vielen anderen ist der ursprüngliche Reibe- bzw. Hauchlaut h mit der Zeit geschwunden, gleichzeitig wurde der vorausgehende Vokal gedehnt. Die Beibehaltung der Schreibung (mit h) führte nun ganz ähnlich wie bei ie zu einer Uminterpretation des h als Längezeichen. Dieses wurde gleichfalls generalisiert und zur Bezeichnung von Langvokalen auch anderer Herkunft benutzt.[4] So wurde das Dehnungs-h zum Konkurrenten von ie. Man muß lernen, wann nach i ein e, wann ein h als Längezeichen dient. Eine gewisse Regelmäßigkeit besteht allerdings darin, daß Dehnungs-h nur vor r, l ,m, n auftritt (auch bei den anderen Vokalen).

Und warum, so fragen wir als letztes, steht bei *mir, dir* und *wir* gar kein Längezeichen? Hier versagt die bisherige Erklärung, und Vermutungen müssen herhalten. Gerade bei sehr häufigen Funktionswörtern wie Pronomen oder Präpositionen erfolgt überhaupt keine Anpassung an eine neue Schreibregel. Sehr häufige Erscheinungen in der Sprache, wie z. B. die Ablautformen in der Flexion der starken Verben oder die sogenannten Suppletivformen verschiedener Stämme beim Verb *sein (bin, ist, seid, sind, waren, gewesen)*, sind besonders konservativ und resistent gegenüber einem Wandel.

Dieses Beispiel zeigt uns einen charakteristischen Zug aller Alphabetschriften: Schreibungen überdauern den Lautwandel. Es entsteht gleichsam eine Asynchronität zwischen Lautung und Schreibung, vergleichbar einem Film, in dem Lippenbewegung und hörbare Lautung nicht mehr gleichzeitig wahrzunehmen sind. In unserem Fall kann man auch von einer Retardation der Schreibentwicklung gegenüber der Lautentwicklung sprechen. Dabei erfahren die ursprünglichen Laut-Buchstaben-Beziehungen eine Umdeutung in Hinblick auf den aktuellen Lautstand. Diese neue Laut-Buchstaben-Beziehung wird nun häufig generalisiert und zur Schreibung auch anderer Wörter benutzt. Dies läßt sich an einem Beispiel in vier Schritten darstellen:

1. Ausgangspunkt: mhd. ‹zehen› /tsɛhən/, Laut-Buchstaben-Beziehung ‹e/ɛ/›,‹h/h/›
2. Lautwandel zu spätmhd. /tse:n/ (Verstummen des h, Vokal-Kontraktion zu /e:/) unter Beibehaltung des verstummten h in der Schreibung ‹zehn›
3. Schreibwandel: Umdeutung von ‹eh› als Abbildung von /e:/
4. Generalisierung des neuen Dehnungs-h für andere Schreibfälle (z. B. mhd. ‹im› zu ‹ihm›)

Ähnliche Beobachtungen lassen sich für viele andere Alphabet-Orthographien machen, die bereits lange in Gebrauch sind und manchen Lautwandel überstanden haben. Besonders augenfällig ist das im Englischen, dessen heutige Schreibung einem Lautstand entspricht, wie er vor dem Endsilbenschwund und zahlreichen Vokalveränderungen (Great Vowelshift) galt.[5] Sogenannte ‹stumme Buchstaben›, d. h. Zeichen für geschwundene Laute, kennt vor allem das Französische. Sie haben vielfach die Funktion übernommen, in der Lautung untergegangene Flexionsunterschiede zu bewahren und zu kennzeichnen. Leider wird im Fremdsprachenunterricht das jeweilige Schreibsystem meist sehr stiefmütterlich behandelt, ohne seine besondere Leistung sichtbar zu machen. So erscheinen dem Sprachlerner die fremden Schreibungen oft als völlig unsinnig, zumal sie von der bekannten Rechtschreibung der eigenen Muttersprache erheblich abweichen. Ein nur kurzer Seitenblick von der gegenwartsbezogenen Sprachbetrachtung zur Sprachgeschichte könnte hier manche Aufklärung liefern.

Sehr vereinfacht gesprochen, läßt sich sagen: je älter ein Schreibsystem ist und je mehr Wandlungen der Bezugssprache es überstanden hat, um so komplizierter ist es geworden, weil die Fälle von Asynchronität entsprechend zahlreicher sind. Und je komplizierter ein Schreibsystem ist, desto schwieriger läßt es sich reformieren.

Denn nun hat jede durchgreifende Reform enorme Auswirkungen auf das Schriftbild. Man stelle sich nur vor, wie deutsche Wörter aussähen, wenn auf alle Dehnungszeichen, d. h. auf aa, ee, oo, uu, ie, ah, eh, ih, oh, uh, öh, äh, üh zugunsten der einfachen Vokalzeichen verzichtet würde. Ständige Reformen wären erforderlich, um die Schreibung dem aktuellen Lautstand anzupassen. Daß dies nirgends geschieht, hängt mit der Konservativität aller Schriftsysteme zusammen.

Werfen wir einen vergleichenden Blick auf ein völlig anders ausgerichtetes Schriftsystem, das für solche Vergleiche gerne herangezogen wird, die chinesische Schrift, deren älteste Zeugnisse 4000 Jahre alt sind. Chinesische Schriftzeichen, die aus vielen (ursprünglich gemalten) Strichen bestehen, beziehen sich nicht auf einzelne Laute, sondern auf Wörter, die im Chinesischen immer einsilbig sind. Man nennt diesen Schrifttyp Logographie, d. h. Wortschrift, und die einzelnen Zeichen Logogramme. Das größte Zeichenlexikon enthält über 50000 Zeichen. Trotz vieler Wandlungen und Vereinfachungen dieses traditionellen Systems gehören heute über 5 000 Zeichen zum unverzichtbaren Bestand schriftlicher Kommunikation. Ursprünglich bezeichnete jedes Zeichen eine Silbe mit einer spezifischen Aussprache und Bedeutung. Im Laufe der Zeit sind jedoch viele Lautunterscheidungen aufgegeben worden, so daß immer mehr gleichlautende Wörter (= Silben), sog. Homophone, entstanden. Die Schriftzeichen haben jedoch die ehemaligen Bezüge auf Wörter bestimmter Bedeutung bewahrt, während die lautliche Differenzierung der gesprochenen Dialekte bis zu gegenseitiger Unverstehbarkeit fortgeschritten ist. Hier wird nun die besondere Leistung der chinesischen Begriffsschrift erkennbar. Sie macht eine Verständigung ohne Bezug auf die Lautung möglich und ist der Garant schriftlicher Verständigung in diesem kontinentgroßen Land. Daß es bei Kenntnis der Zeichen bis heute möglich ist, die Literatur z. B. aus dem ersten vorchristlichen Jahrhundert zu verstehen, stellt ein Zeugnis einmaliger kultureller Kontinuität dar. Dies ist das eindrucksvollste Beispiel dafür, wie Schrift den Sprachwandel überdauert. Das chinesische Schriftsystem hat sich im übrigen als fähig erwiesen, auch den modernen Bedarf an neuem Wortschatz und neuere Wandlungen der Sprache zu bewältigen. Versuche, eine Lautschrift einzuführen, sind gescheitert.[6]

Die Gegenüberstellung von Phonographie und Logographie zeigt, daß die Visualisierung von Sprache auf sehr unterschiedliche Weise geschehen kann und daß jede ihre Vorzüge und ihre Mängel besitzt. Unsere lautbezogene Schrift ist wegen des kleinen Zeicheninventars leicht erlernbar und leicht benutzbar. Sie ist gut geeignet für eine sprachlich homogene Gemeinschaft. Solche Homogenität besteht allerdings im deutschen Sprachraum keineswegs so eindeutig, wie es die Rechtschreibung vermuten läßt. Denn die Standardaussprache des Deutschen ist eine noch junge Errungenschaft. Im alltäglichen Sprachverkehr herrschen (vor allem südlich des Mains) regionale Umgangssprachen und Dialekte vor. Viele Unterscheidungen, z.B. zwischen stimmhaften und stimmlosen Konsonanten, zwischen Länge und Kürze eines Vokals, existieren nicht in der tatsächlich gesprochenen Sprache. So kommt auch unserer Orthographie vielfach die Aufgabe zu, eine Einheitssprache zu repräsentieren, die im mündlichen Sprachverkehr zahlreiche regionale Varianten aufweist. Es wird noch im einzelnen zu zeigen sein, welche Informationen dabei geboten werden, die man nur lesen kann und die keinen Bezug auf die tatsächliche Lautsprache haben.[7]

Das Verständnis für andere Schriftsysteme wird erhöht, wenn wir uns klarmachen, daß auch in Europa, d.h. im Geltungsbereich phonographischer Verschriftung, viele andere Möglichkeiten visueller Kommunikation genutzt werden. So sind die arabischen Zahlzeichen von 0 bis 9 echte Wortzeichen (Logogramme), ebenso § und $, & und %, die wir allerdings auch in unserer Lautschrift als *Paragraph, Dollar, und, Prozent* wiedergeben können. Als Logogramme sind diese Zeichen sprachunabhängig verwendbar. Darüber hinaus benutzen wir heute viele Zeichen, die schriftgeschichtlich in die kulturelle Frühzeit der Hieroglyphen zurückreichen. Es sind Bildzeichen, sog. Piktogramme, z.B. auf Flughäfen und auf Verkehrsschildern. Eine Figur mit Rock führt zur Damentoilette, mit Hose zum Männerklo. Inzwischen haben die neueren Kleiderbräuche die unmittelbare Sinnhaftigkeit solcher Zeichen etwas eingeschränkt. Verstanden werden sie aber noch. Je globaler sich Verkehr und Handel, Information und Produktion entwickeln, um so bedeutsamer werden solche Konventionen übereinzelsprachiger Kommunikation.

3. Schrift als Symbol

Warum eigentlich geben die Griechen nicht ihre griechische Schrift auf? Warum beharren die arabischen Länder auf ihrer wenig praktischen malerischen Konsonantenschrift, die zwar Vokale durch diakritische Zeichen ausdrücken kann, zumeist aber darauf verzichtet? Warum schreiben die Russen noch immer in kyrillischer Schrift, die vor über tausend Jahren aus der griechischen entstand? Und warum lassen sich die Chinesen nicht bekehren, neben ihrer altertümlichen Wortschrift wenigstens ergänzend eine lateinische Alphabetschrift einzuführen? Welche Gründe hat dieses Beharren auf eigenen Schrifttraditionen, obwohl diese doch der globalen Kommunikation abträglich sind? Häufig beobachtet man Demonstrationen der Eigenständigkeit. So zeigten die Griechen auf der Olympiade im Jahre 2004 mit nationalem Stolz ihre eigenen Schriftzeichen vor, die außer ihnen selber kaum jemand von den Besuchern lesen kann. (Deutsche, so kann man vermuten, hätten ihre Ankündigung wohl auf englisch geschrieben, um nur niemanden mit unserer Sprache zu belästigen.) Die fremde Schrift hat hier keinen Informationswert, aber einen hohen Symbolgehalt. Sie ist ein Identifikationsmerkmal der Nation, nach innen und nach außen. Dies gilt für alle diese Beispiele. Die Aufgabe der chinesischen Schrifttradition würde die Abwendung von einer Jahrtausende alten Kultur bedeuten. Denn die Pflege der eigenen Traditionen ist schriftgebunden. Bei Arabern und Juden und in vielen anderen Kulturen ist die Schrift zugleich ein sakrales Symbol, sakrosankt als Träger religiöser Überlieferung, die einem Religionsstifter zugeschrieben wird. Die hebräische Schrift verband Juden verschiedener Muttersprache. Sie schrieben Jiddisch, Spaniolisch, Judenpersisch und andere von ihnen angenommene Sprachen in hebräischer Schrift. Und die Griechen bewahrten ihre Schrift- und Kulturtradition während ihrer ‹Knechtschaft› im osmanisch-türkischen Reich im griechisch-orthodoxen Kultus. Umgekehrt bedeutete die Einführung des lateinischen Alphabets in der Türkei durch den Reformer Kemal Pascha (Atatürk) im Jahre 1928 eine demonstrative Hinwendung zur europäischen Zivilisation, zugleich eine Abwendung von Jahrhunderte alten kulturellen Bindungen. Dazu paßt der programmatische, an der europäischen Aufklärung orientierte Laizismus, denn mit der arabischen Schrift wurde auch die enge Bindung des Staates an den Islam aufgegeben. Schrift, das lernen wir aus diesen Beispielen, ist vielfach Ausdruck religiösen, nationalen, kulturellen Identitätsbewußtseins.

Wie verhalten sich da die Länder mit gleicher, mit lateinischer Alphabetschrift? Sie beharren auf den Eigenheiten und Idiosynkrasien ihrer eigenen Orthographie, die zwar verglichen mit verschiedenen Schriftsystemen als geringfügig erscheinen mögen, vor allem einem außenstehenden Betrachter, die im Bewußtsein ihrer Benutzer aber so verschieden sind wie die Sprachen selbst. Das gilt vor allem für viele Laut-Buchstaben-Beziehungen. Das Zeichen <u> hat im Deutschen den Lautwert /u/, im Französischen den eines Vokals, der unserem /y/ ähnelt, für /u/ schreiben sie meist <ou>, im Englischen gehört <u> zu den Buchstaben mit vielen Lautbezügen, z. B. /ʌ/ in *run* und *under*, /ju:/ in *use* und *human*, während für /u/ auch die Zeichen <oo> in *pool* und *mood* gelten. Als auffälliges Merkmal – vergleichbar unseren Umlautpünktchen – haben die Franzosen ihre diakritischen Zeichen unter oder über den Buchstaben. Eins sollte auf Vorschlag einer Akademiekommission abgeschafft werden, weil es nur noch ein historisches Relikt sei. Das mißlang. Die Reform mußte storniert werden, weil die Franzosen sie nicht wollten. Auch die englische Orthographie, die manche wegen ihrer Kompliziertheit gar nicht so nennen wollen, haben schon viele vereinfachen wollen. Ein berühmter Autor, George Bernhard Shaw, hat gar ein Vermögen ausgelobt für ein neues englisches Alphabet, das auch tatsächlich entwickelt wurde, aber heute völlig vergessen ist.[8] Auch unsere Schrift ist voller Eigenheiten, die es sonst in kaum einer Sprache gibt. Wir werden sie noch im einzelnen besprechen. Zuerst ist natürlich unsere Substantivgroßschreibung zu nennen, weiterhin die Zeichen sch, ch, ck, tz, ng, dann unsere komplizierten Längebezeichnungen ie, Dehnungs-h sowie aa, oo und ee. Ganz zu schweigen von unserer besonderen Spezialität, dem ß (eszet). Gegen seinen eingeschränkten Gebrauch wächst der Widerstand, obwohl jeder ahnt, daß der Verzicht auf das Schluß-ß zu verschmerzen wäre. Die Bewahrung des ß wurde geradezu zum Symbol des Protests gegen die Rechtschreibreform. Man möchte sich vor dem Rechtschreibdiktat nicht beugen, so wie einst Tell dem Geßlerhut seine Reverenz verweigerte. Bis 1942 gehörte auch die Frakturschrift und ihr Gegenstück in der Handschrift, die Sütterlinschrift, zu den Eigenheiten des Deutschen, die zäh verteidigt wurden. Es bedurfte der diktatorischen Macht des ‹Führers›, sie zu beseitigen. Heute lebt sie nur noch als Schmuckschrift fort, z. B. im Titel der Frankfurter Allgemeinen Zeitung und in den Überschriften ihrer Kommentare.

Je weiter man sich umtut, um so mehr Beispiele findet man für die Schreibung als Identifikationsmerkmal der eigenen Sprache. Das gilt auch für ganz junge Orthographien. Es ist auffällig, daß bei ihrer Begründung oft eine bewußte Distanz gegenüber vertrauten Sprachen gesucht wird, die bisher die Verwendung der eigenen dominiert oder behindert haben. So sucht die finnische Orthographie Abstand von der schwedischen, die westfriesische von der niederländischen.[9] Auch wenn in deutschen Dialekten geschrieben wird, suchen Autoren, welche die Eigenständigkeit ihrer Sprache betonen wollen, bewußt nach orthographischen Mitteln, die der Orthographie der deutschen Standardsprache fremd sind.

Aber zurück zum Festhalten an der Schrift! Von den Rechtschreibreformern ist nie beachtet worden, daß die Benutzer der Schrift meist gar keine Änderungen wünschen. Sie lieben die vertraute Schreibung ihrer Muttersprache und verteidigen sie mit viel Emotionalität.

Kritiker werfen der widerspenstigen Bevölkerung Trägheit vor und Reformunwilligkeit. Vor allem die Alten hielten aus schierer Gewohnheit am Althergebrachten fest. Solche Vorwürfe gehen am Kern des Problems vorbei. Unsere Rechtschreibung wird mit allen ihren Besonderheiten von ihren Benutzern als Symbol der Muttersprache angesehen. Denn Sprache wird seit der Verbreitung von Lesen und Schreiben über das Geschriebene und Gedruckte identifiziert. Nicht das Hörbare, sondern das Sichtbare, was man schwarz auf weiß besitzt, macht Sprache für uns faßbar. Den Rang dieser Erscheinungsform kann man auch daran ermessen, daß die standardisierte gesprochene Hochsprache durch Sprechen nach der Schrift entstanden ist. Bis heute ist auch in der Schule (gegenüber Dialektsprechern) die Schriftsprache Orientierung der Sprechsprache. Kein Zufall, daß *Schriftsprache* überhaupt ‹Standardsprache› bedeutet. Der Rang von Sprache findet sichtbaren Ausdruck in seiner Schreibung.

Darum ist es nur zu natürlich, daß diejenigen den größten Widerstand gegen Veränderungen der Schriftnorm leisten, die jeden Tag beruflich mit Sprache umgehen: Schriftsteller, Journalisten, Wissenschaftler und Lehrer. Dagegen habe ich mich oft gefragt, warum gerade Sprachwissenschaftler diese Haltung so selten unterstützen. Viele von ihnen halten das Thema Rechtschreibung für eine Lappalie, das richtige Schreiben für eine willkürliche Konvention. Das kann ich nur als Betriebsblindheit begreifen. Wer regelmäßig mit verschiedenen Formen der Verschriftung zu tun hat, verliert offenbar leicht den Sinn für den Wert einer bestimmten, der eigenen Orthographie. Überhaupt neigen viele Sprachwissenschaftler in Fragen der Sprachbewertung zum Relativieren. Werden sie um Rat gefragt, was richtig, was falsch sei an einer sprachlichen Konstruktion oder einer Formulierung, so weichen sie aus, verweisen auf Sprachwandel und Varianten und ignorieren, daß die Sprachbenutzer einen konkreten Rat suchen, eine fachkundige Entscheidung für ihr Sprachverhalten, kurz ein Bekenntnis zu einer Norm.

In ihrem gutgemeinten Bestreben, die Sprachgemeinschaft zu beglücken, sind echte Rechtschreibreformer unersättlich. Sie fänden erst endgültige Befriedigung, wenn völlige Einfachheit und Systematik erreicht würden. Diese vorgefaßte Haltung hindert sie auch, die überkommenen Regeln nach verborgenem Sinn zu befragen und die Vermutung zu akzeptieren, daß sich vielleicht im Laufe der Zeit praktikable Kompromisse herausgebildet haben. Könnte es nicht sein, daß es nur an einer ordentlichen Beschreibung der Regeln fehlt? Oder daß die Dudenredaktion in ihrem rechtschaffenen Bemühen um die Festlegung der Schreibung zu viel des Guten getan hat? Solche Überlegungen sind ihnen fremd. Im Grunde hindert sie nur eins, ihre Ziele offen zu bekennen und zu verfolgen: der erwartete Widerstand der Betroffenen. Erfahrungen früherer Reformversuche haben gezeigt, was diese am meisten aufbringt: Änderungen im Schriftbild. Gerade das aber wäre z. B. mit der Beseitigung der Großschreibung und der Vereinfachung der Laut-Buchstaben-Beziehung unweigerlich verknüpft. So schielen Reformer stets danach, ob sich Widerspruch meldet, der ihr Vorhaben verhindern könnte, und sie erweisen sich als anpassungsfähig, sobald solche Gefahr ernstlich droht. Das führt dazu, daß Rechtschreibreformen im Laufe ihrer Planung und ihrer Durchsetzung immer magerer werden, bis sie schließlich ganz sterben. So erging es der Reform vom Jahre 1876, die auf der I. Berliner Rechtschreibkonferenz vorbereitet und beschlossen wurde. Stein des Anstoßes war vor allem die Vereinfachung der Vokallängebezeichnung. Sie fand so wenig Akzeptanz, daß die Regierung von der Durchsetzung Abstand nahm. Statt dessen griffen der preußische und der bayerische Kultusminister in Vorschriften für die Schule auf einen moderaten Vorentwurf zurück, der im Grund nur eine Vereinheitlichung der Regeln in den deutschsprachigen Staaten vorsah. Dies machte Konrad Duden 1880 zur Grundlage seines «Orthographischen Wörterbuchs der deutschen Sprache». Hier konnte 25 Jahre später die II. Berliner Rechtschreibkonferenz anknüpfen und beides miteinander verbinden: Wahrung der Rechtschreibtradition und Vereinbarung einer Einheitsorthographie.

Auch die jüngste Reform zeigt ähnliche Verfallserscheinungen. Ursprünglich sollten die gescheiterten Reformen der 50er und 60er Jahre wieder aufgenommen werden, u. a. mit der sog. ‹gemäßigten Kleinschreibung›, der Vereinfachung der Längebezeichnung, der Vereinheitlichung von ei und ai sowie der Beseitigung der Unterscheidungsschreibung von *das* und *daß*. Dies alles wurde schon in der Frühphase dank des Einspruchs der Kultusministerkonferenz aufgegeben. So kam es dazu, daß die unbedingt gewollte Reform sich in dem schwierigen Bereich der Getrennt- und Zusammenschreibung und in Randthemen der Silbentrennung, der Stammschreibung und der Kommasetzung austobte. Auch dies wäre längst vergessen, hätten nicht die Kultuspolitiker darauf bestanden, das Begonnene partout durchzusetzen. Das hat den frühen Tod aufgeschoben und ein langes Leiden erzwungen.

4. Rechtschreibung für Leser

Die Alphabetschrift basiert auf der Wiedergabe von Lauten durch Buchstaben. Welchen Sinn hat dann die Großschreibung am Wort- und Satzanfang, die Unterscheidung von *Leere* und *Lehre*, von *daß* und *das*? Warum schreiben wir *Eltern* mit e, aber *älter* mit ä, warum *Bild* mit d, obwohl doch am Wortende ein t gesprochen wird? All dies kompliziert doch offensichtlich das Verhältnis von Lauten und Buchstaben und macht das Erlernen der Rechtschreibung schwerer. So ist es, und es hat einen guten Grund: die Ausrichtung der Orthographie auf den Leser. Sie begann in der Medienrevolution des 16. Jahrhunderts. Die Verbreitung des Buchdrucks und die Verwendung preiswerten Papiers (statt teurer Tierhäute), außerdem die Erfindung der Lesebrille schufen die Voraussetzung für die massenweise Verbreitung gedruckter Schriften und Bücher für ein schnell wachsendes Lesepublikum. Die Buchkultur des Mittelalters war nur für eine kleine Elite von Lesern in den Klöstern bestimmt. Die Vervielfältigung von Texten geschah durch einfaches Abschreiben oder durch Nachschreiben eines Vorlesers. Es gab eine Kultur der Buchkunst, aber keine Lesekultur. So war auch das System der Verschriftung vorrangig auf die Wiedergabe der Laute gerichtet. So schrieb man *burc* und *lenge*, noch nicht *Burg* und *Länge*, obwohl die Wörter schon damals genauso gesprochen wurden wie heute. Dies änderte sich in der frühen Neuzeit. Jetzt wurden in kurzer Zeit und sprachübergreifend in Europa graphische Mittel entwickelt, um das visuelle Verstehen von Texten zu erleichtern und zu beschleunigen. Dazu zählt die Zeichensetzung, die sich auch in lateinischen Texten der Humanisten verbreitete, aber auch die systematische Nutzung von zwei Buchstabenreihen, den Groß- und den Kleinbuchstaben, die auf die römische Monumentalschrift (*capitalis monumentalis*) bzw. die römische Kursivschrift zurückgeht. Ob man eine Inschrift in Stein meißelte oder eine Notiz in schnellem Schreibfluß auf ein Wachstäfelchen schrieb, das führte zu unterschiedlichen Buchstabenformen. Diese Varianten wurden aber erst im Zeitalter des Buchdrucks systematisch funktionalisiert. Bereits in den letzten Redaktionen der Lutherbibel zeichnet sich die Substantivgroßschreibung als künftige Norm ab. In dieser Zeit humanistischen Aufbruchs, der Reformation, des aufkommenden Schulunterrichts in den ersten Großstädten und der Wende einer mündlich geprägten zu einer verschrifteten Gesellschaft liegen die Grundlagen unserer deutschen Orthographie. Dies ist vor allem deshalb bedeutsam, weil Orthographiereformer stets mit den Schreibschwierigkeiten argumentieren, als ginge es bei der Rechtschreibung mehr um das rechte Schreiben als das leichte Lesen. Die Schriftgeschichte lehrt uns, daß es umgekehrt ist. Unsere Orthographie ist eine Leseschrift. Differenzierungen für Leser sind zumeist Erschwernisse für Schreiber. Dies ist in Jahrhunderten entwickelt und akzeptiert worden. Jetzt muß es gegen jene verteidigt werden, die aus Unkenntnis dieser Entwicklung oder aus ideologischen Gründen der Schreiberleichterung den Vorrang einräumen wollen.

Bevor in den folgenden Kapiteln die einzelnen Bereiche unserer Rechtschreibung genauer beschrieben und erörtert werden, möchte ich eine allgemeinere Charakterisierung dieser Leserbezogenheit voranstellen, die eine gewisse Parallele zu anderen Schriftsystemen herstellt. Wenn wir uns nicht mehr wie die mittelalterlichen Mönche mit ganz wenigen Satzzeichen, vor allem *colon* (Punkt) und *virgula* (langes Komma) zur Markierung von Pausen in einem Text begnügen, sondern das Satzende eindeutig – meist durch Punkt, Frage- oder Ausrufezeichen – markieren und innerhalb des Satzes durch Kommata die Binnengliederung in Haupt- und Nebensätze oder satzwertige Konstruktionen deutlich machen, so handelt es sich dabei um eine graphische Abbildung satzsemantischer Sachverhalte, oder anders gesagt: mit den sog. Satzzeichen übermitteln wir Informationen zur syntaktischen Ebene der Sprache. Zusätzlich sagen Frage- und Ausrufezeichen etwas über die Satzart aus (z. B. Fragesatz, Wunschsatz, Ausrufesatz). Ähnliche Funktionen haben Semikolon, Parenthesestriche, Doppelpunkt, Anführungsstriche usw. Wenn wir außerdem einen neuen Satz mit Großschreibung beginnen, nutzen wir auch die doppelte Buchstabenreihe für eine syntaktische Information. Bezüge zur syntaktischen Ebene können wir also mit Zusatzzeichen oder mit phonographischen Mitteln herstellen.

Weitere Beispiele illustrieren Bezüge von Buchstaben zur Ebene des Wortstammes oder des Wortes. Wenn wir Wörter wie *Lehre* und

Leere, Moor und *Mohr* in der Schreibung unterscheiden, obwohl sie gleich gesprochen werden, dann nutzen wir die Varianten der Bezeichnung von Langvokalen für eine Information auf lexikalischer Ebene. Und wenn wir den Komparativ von *alt* nicht *elter, sondern *älter* schreiben, so funktionalisieren wir die Varianten <e> und <ä> für /ɛ/, um durch die Ähnlichkeit von <a> und <ä> sichtbar zu machen, daß beide Wörter zum gleichen Stamm gehören und die gleiche Bedeutung haben. Deshalb spricht man hier vom Stamm-Prinzip. Auch die kleinen Leerräume zwischen den Wörtern sind eine lexikalische Information: hier beginnt bzw. hier endet ein Wort. Wie bedeutsam das ist, hat die jüngste Debatte um die sog. Getrennt- und Zusammenschreibung in der Rechtschreibreform gezeigt. Etwas zusammenschreiben heißt, es als Worteinheit kennzeichnen. So werden neue Wortbildungen sofort als neue Wörter sichtbar. Die Schreibung hat sich dabei als ein sensibler Indikator erwiesen, auch semantische Unterschiede anzuzeigen. Der *frischgebackene* Ehemann in metaphorischer Bedeutung ließ sich vom *frisch gebackenen* Brot unterscheiden, ebenso *sitzenbleiben* in der Schule und *sitzen bleiben* bei Tische.

Diese wenigen Beispiele genügen bereits, um zu zeigen, daß in unserem phonographischen Verschriftungstyp auch Informationen zur morphologischen, lexikalischen und syntaktischen Ebene der Sprache hergestellt werden können, wie sie ansonsten anderen, vor allem logographischen Schriftsystemen vorbehalten sind. Dies geschieht teils mit den zusätzlichen Satzzeichen, teils mit phonographischen Mitteln, indem Varianten funktionalisiert werden. Alle diese seit dem 16. Jahrhundert entwickelten neuen Formen der Visualisierung von Texten (meist gedruckt) sind eindeutig leserorientiert. Sie verkomplizieren das System der Laut-Buchstaben-Beziehungen, wie es in der Verschriftung des Alt- und Mittelhochdeutschen entwickelt wurde, erhöhen aber zugleich seine Leistungsfähigkeit, Aussagen zu differenzieren sowie eindeutig und schnell verstehbar zu machen.

5. Laut-Buchstaben-Beziehungen

5.1 Allgemeines

Was sind eigentlich Laute in den Laut-Buchstaben-Beziehungen? Dies ist nicht so einfach und so selbstverständlich, wie es scheint. Betrachten wir dazu exemplarisch die Laute, die wir zumeist mit den Buchstaben <k> bzw. <ch> wiedergeben. In dem Wort *Kalb* sprechen und hören wir einen dunkleren k-Laut als in dem Wort *Kind*. Einmal wird der Verschluß zwischen dem hinteren Teil der Zunge und dem hinteren Gaumenrücken gebildet, im anderen Fall etwas weiter vorne. Das hängt mit dem jeweiligen Folgevokal (a bzw. i) zusammen, auf den sich die Artikulationsorgane bereits bei der Bildung des k einstellen. Dieser Unterschied in der Aussprache des k wird uns im allgemeinen gar nicht bewußt, weil beide Laute in der Artikulation und im Gehöreindruck sehr ähnlich sind, vor allem aber weil beide durch dasselbe Schriftzeichen wiedergegeben werden. Unsere Sichtweise auf die Laute des Deutschen ist mitgeprägt durch unsere Schrift. Diese wiederum ist ein Abbild des Lautsystems, nicht der einzelnen Laute.

Noch deutlicher wird solche Lautvarianz im Falle des Reibelautes, den wir <ch> schreiben. Wie verschieden er gesprochen wird, ist sehr anschaulich in dem Wortpaar *ich* und *ach* erkennbar. Bei *ich* wird die Enge zwischen Vorderzunge und vorderem hartem Gaumen (*palatum*) gebildet, bei *ach* dagegen im hinteren Mundraum mit dem weichen Gaumen (*velum*). Auch hier hängt die Wahl der Variante von dem vorausgehenden Vokal ab, bei hellen Vokalen (z. B. i, e, ö, ü in *ich, Blech, möchte, Gerücht*) die vordere, bei dunklen Vokalen (z. B. u, o, a wie in *Buch, noch, Bach*) die hintere Variante. Man spricht hier von einer komplementären Verteilung. Denn die beiden umgebungsbedingten Varianten geraten nie in Konkurrenz. Deshalb können sie auch niemals genutzt werden, um Wörter nur durch dieses Merkmal zu unterscheiden. Dies gilt auch für den zweiten Typ von sog. freien Lautvarianten, die nicht an bestimmte Lautumgebungen gebunden sind. Das bekannteste Beispiel dafür sind die verschiedenen Varianten des Vibranten /r:/ am häufigsten ist das mit der Zungenspitze gerollte (apikale) [r] und das mit dem Zäpfchen gerollte (uvulare) [ʀ]; daneben begegnet das sog. Reibe-r [ʁ] und das vokalisierte r [ɐ]. Ihre Verbreitung im deutschen Sprachgebiet ist hauptsächlich an Dialektregionen gebunden. Sie verleihen dem Sprecher oft einen regionalen Akzent. Auch diese Varianten können niemals der Bedeutungsunterscheidung dienen wie r und l in *Latte* und *Ratte*.

Aus diesen Beobachtungen folgt, daß das Wort ‹Laut› doppeldeutig ist. Einerseits bezieht es sich selbstverständlich auf den einzelnen realisierten Laut, andererseits auf jene abstrakten Laute des Sprachsystems, für die wir Schriftzeichen benutzen. Um diese begriffliche Unterscheidung auch terminologisch auszudrücken, sind für linguistische Zwecke (schon Ende des 19. Jahrhunderts) entsprechende Termini eingeführt worden. Der konkrete realisierte Laut wird ‹Phon› genannt, die abstrakte Einheit des Lautsystems heißt ‹Phonem›. Jedes Phonem tritt also in der akustischen Realisierung in Form verschiedener, untereinander ähnlicher Phone auf. Sie werden auch ‹Allophone› genannt. Zusätzlich wurde die Schreibkonvention eingeführt, Phoneme in Querstriche zu setzen (z. B. /χ/), realisierte Phone in eckige Klammern (z. B. [ç] und [x] für den ich- bzw. den ach-Laut). Unser phonetisches Alphabet (API), mit dem für den Fremdsprachenunterricht die richtige Aussprache angegeben wird, enthält ein umfangreiches Inventar von Zeichen und diakritischen Markierungen, mit denen alle realisierten Laute aller bekannten Sprachen wiedergegeben werden können. Dies sind sehr viel mehr Zeichen als in den Alphabetschriften vorkommen. Für Spezialzwecke, z. B. die exakte lautliche Beschreibung einzelner Dialektwörter, gibt es noch differenziertere Transkriptionssysteme, die bei der Dokumentation von Dialekten benutzt werden. Geschulte Exploratoren können auf diese Weise ihren Gehöreindruck sehr exakt in Lautschrift wiedergeben.[10] Wäre unsere Alphabetschrift so angelegt, könnten wir sie nur schlecht gebrauchen. Das Lesen ginge so langsam voran wie die Entzifferung eines transkribierten Textes.

Unsere phonographischen Schriftsysteme überspringen diese unterste Ebene der Lautwiedergabe, sie geben nur die Phoneme wieder, denn nur sie dienen der Unterscheidung von Wörtern. In der Fachsprache heißt es: Phoneme sind die kleinsten, aus der Rede abstrahierten, lautlichen Segmente, die der Bedeutungsunterscheidung dienen.¹¹ Ermittelt werden die Phoneme einer Sprache auf einfache Weise, durch sogenannte Minimalpaare. In Wörtern wie *Schal* und *Saal*, phonologisch umschrieben /ʃa:l/ und /sa:l/, *rot* und *tot*, phonologisch /ro:t/ und /to:t/, begründet jeweils der Kontrast zweier Laute, /ʃ/ ≠ /s/ bzw. /r/ ≠ /t/ den Bedeutungsunterschied. Damit sind /ʃ/, /s/, /r/ und /t/ als Phoneme bestimmt. Sie allein haben graphische Repräsentanten. Unsere phonographischen Schriftsysteme sind also Phonem-Schriften. Das Wort ‹Laut› in ‹Laut-Buchstaben-Beziehung› meint demnach immer die abstrakte Lautklasse, das Phonem. Deshalb spricht die Fachliteratur hier genauer von ‹Graphem-Phonem-Korrespondenzregeln›. ‹Grapheme› in diesem Ausdruck sind jene Schriftzeichen, die sich in einem Schreibsystem auf ein Phonem beziehen, also z. B. ‹k› auf alle k-Varianten des Phonems /k/, ‹ch› auf alle velaren und palatalen Frikative des Phonems /χ/.

Wir können aus dieser Beobachtung einen weiteren Schluß ziehen. Unsere Alphabetschrift ist nicht irgendeine graphische Wiedergabe der Laute einer bestimmten Sprache, sondern das Resultat einer umfassenden Analyse des Lautsystems. Nur für jene Laute, die konstitutiv sind für die Unterscheidung von Wörtern, wurden in der Rezeptionsphase der lateinischen Schrift entsprechende Zeichen übernommen oder zusätzliche eingeführt. Auch in der weiteren Entwicklung der Rechtschreibung blieb dieser Grundsatz maßgebend für die Anpassung an den Lautwandel des Deutschen.

An dieser Stelle soll das Phonemsystem noch etwas genauer betrachtet werden, denn davon hängt das Verständnis einiger Schreibregeln ab, die oft irrigerweise für willkürlich angesehen werden. Es geht darum, daß unser Lautsystem mit der Aufstellung des Inventars von 26 Phonemen noch keineswegs vollständig beschrieben ist. Hinzu kommen Regeln der Kombination und Distribution. Ein Beispiel: die Wahl von stimmhaftem und stimmlosem s, [s] oder [z], ist in der Standardsprache weitgehend komplementär geregelt, stimmhaft im Anlaut vor Vokal (*sagen, sie, Suche*) und zwischen m, n, l, r und Vokal (*Hirse, Felsen, Bremse, Linse*), sonst immer stimmlos. Nur in einer Position, nach Langvokal und Diphthong, ist beides möglich und dient hier auch der Bedeutungsunterscheidung, z. B. in *reisen* und *reißen*, *Muse* und *Muße*. Das begründet die Phoneme /s/ und /z/. Es ist darum kein Zufall, daß wir gerade für diese Position zwei Zeichen benutzen, <s> und <ß>. (Daß <ß> außerdem noch als Schluß-s dient, steht auf einem anderen Blatt, s. Kapitel 7.) Tatsächlich kommen die Phoneme /s/ und /z/ nur in dieser Position vor, sonst sind [s] und [z] nur Allophone eines s-Phonems und werden deshalb immer gleich geschrieben, nämlich mit <s>. Wir sehen an diesem Beispiel, daß unsere Rechtschreibung nur dort eigene Grapheme benutzt, wo dies sprachstrukturell auch erforderlich ist. Erneut zeigt sich, daß sie in diesem Punkt optimal eingerichtet ist.

Zur s-Schreibung und s-Aussprache lassen sich weitere Folgerungen anschließen. Bekanntlich ist die eben beschriebene Standardaussprache in vielen Regionen unüblich.[12] Der Kontrast von stimmhaften und stimmlosen s ist oft völlig neutralisiert, meist zugunsten der stimmlosen s-Variante. Dies ist für die Schreibung bedeutungslos, da ohnehin überall <s> geschrieben wird, außer nach Langvokal und Diphthong. Das kann für den Nichtstandardsprecher zur Rechtschreibfalle werden, da er die Schreibung nicht aus seiner Aussprache ableiten kann. Dies gilt um so mehr, wenn auch noch die Quantität variiert, wie z. B. bei *Maß (Bier)*, das gerade in Bayern oft kurz gesprochen wird.

Ich fasse diese allgemeinen Überlegungen kurz zusammen: Das Grundprinzip aller Alphabetschriften besteht in der Wiedergabe der kleinsten Einheiten des Lautsystems einer Sprache durch Schriftzeichen. Die Einheiten des Lautsystems sind die Phoneme. Sie stellen eine abstrahierte Sammelbezeichnung für alle realisierten Laute (Phone) dar, welche die gleiche Funktion im Sprachsystem haben. Wie ein Phonem /r/ in den Wörtern *reisen, groß, vier* in verschiedenen deutschen Sprachregionen realisiert wird, ist bedeutungslos für das Verständnis dieser Wörter. Die Entscheidung, wann ein vorhandenes eigenes Schriftzeichen benutzt wird, ist überdies abhängig von Fragen der Distribution. So kommt es, daß die Laute [s] und [z] in den meisten Positionen nur Allophone eines Phonems /s/ sind, in einer einzigen Position aber als /s/ und /z/ Phonemcharakter haben. Denn hier bilden sie Minimalpaare, hier sind sie kleinste Einheiten des Lautsystems. Hier ist auch eine Unterscheidung in der Schreibung (<s> oder <ß>) erforderlich. Wir werden noch weitere solche Fälle besprechen und damit genaueren Einblick in die Laut-Buchstaben-Beziehungen des Deutschen gewinnen.

5.2 Komplexität und Mehrwertigkeit

Die einfachste Möglichkeit, das Verhältnis von Lauten und Buchstaben näher zu beschreiben, beruht auf zwei Verfahren: einmal wird abgezählt, wie viele Buchstaben ein Graphem hat, das sich auf ein Phonem bezieht, d. h. ob es einfach oder komplex ist. Wir fassen dies unter dem Oberbegriff ‹Komplexität› des Schreibsystems zusammen. Zum anderen wird bestimmt, ob ein Graphem mehrere Phonembezüge hat bzw. ob ein Phonem durch mehrere Grapheme repräsentiert werden kann. Dies nennen wir ‹Mehrwertigkeit› in einem Schreibsystem.[13]

5.2.1 Im ersten Fall wird sozusagen der graphische Aufwand ermittelt. Das scheint zunächst trivial, erweist sich aber bei vollständiger Analyse als aufschlußreich. Der Regelfall ist natürlich das einfache Verhältnis 1 Buchstabe = 1 Graphem = 1 Phonem, wie bei den meisten Vokalen und Konsonanten, z. B. in den Wörtern *gut, Tal, loben*. Zwei Buchstaben werden in den Graphemen <ch>, <ph>, <ng>, <oo>, <ie> und <ih> für die einfachen Phoneme /χ/, /f/, /ŋ/, /o:/ und /i:/ benötigt (z. B. in den Wörtern *Bach, Philosoph, Hang, Boot, viel, ihm*) und drei Buchstaben in <sch> für /ʃ/ (z. B. im Wort *Busch*). Auch die im Deutschen häufigen Doppelkonsonanten <pp>, <mm>, <rr> usw. (z. B. in den Wörtern *Lappen, Hammer, Karren*) gehören hierher, obwohl sie eine Zusatzinformation, die Kürze des vorausgehenden Vokals, enthalten und (in den vorliegenden Beispielen) eine Art Gelenk zwischen den Silben bilden. Auszählungen, wie häufig einfache Zeichen (Monographe), Doppelzeichen (Digraphe) oder Dreifachzeichen (Trigraphe) in einem Schriftsystem vorkommen, können benutzt werden, um verschiedene Orthographien (z. B. die englische, spanische und deutsche) miteinander zu vergleichen. Dies hat natürlich nur einen Wert, wenn die Häufigkeit in Texten mitberücksichtigt wird. Aber auch dann bleibt dies ein recht oberflächliches Verfahren, da die wirklichen Besonderheiten und Schwierigkeiten eines Schreibsystems damit kaum erfaßt werden.

Einen größeren Wert hat diese Analyse beim Vergleich der Schreibung von Erbwörtern und Fremdwörtern im Deutschen. Da die meisten Entlehnungen im Deutschen, besonders die aus dem Französischen und Englischen, in ihrer originalen Schreibung ins Deutsche aufgenommen wurden, sind viele komplexe Grapheme wie z.B. <on> und <an> für die Nasalvokale /õ/ und /ã/ (z.B. in den Wörtern *pardon* und *Chance*) und auch einige Dreifachzeichen wie <eau> für /o:/ oder <ant> für /ã/ (z.B. in *Niveau* und *Restaurant*) in unser Schreibsystem gelangt. Von den insgesamt 289 Fremdgraphemen im Deutschen sind 61 Monographe wie z.B. <j/ʒ/> im Wort *Journal*, 141 Digraphe wie <ch/k/> in *Chor* und 66 Trigraphe wie <igh/ae/> in *Copyright*. Ein grober Vergleich mit den Graphemen im einheimischen Wortschatz zeigt, daß die Fremdgrapheme um rund 40 % länger sind als die einheimischen.[14] Man kann dies als Argument für eine stärkere Integration in unser ‹indigenes› Schreibsytem (d.h. das der Erbwörter) benutzen. Doch stehen solchen Vorhaben gerade in Deutschland viele Hindernisse im Wege, von generellen Vorbehalten gegen oktroyierte Reformen bis zur Loyalität gegenüber den Quellsprachen der Entlehnung. Doch sollte dieser Befund genutzt werden, die Schreibung häufig gebrauchter Fremdwörter stärker in den Rechtschreibunterricht aufzunehmen. Hier ist Purismus nicht am Platz.

Folgen wir dieser vergleichenden Analyse von Graphemen und Phonemen noch ein Stück weiter, so finden wir, daß es auch den umgekehrten Fall gibt: ein einfaches Zeichen (= 1 Buchstabe) bezieht sich auf zwei Phoneme. Das gilt für <c>, <z> und <t> mit Bezug auf die Affrikate /t/+/s/ z.B. in den Wörtern *circa, Zahl, Information*. Bei den Fremdwörtern gehört hierzu außerdem <u> für /ju:/ (z.B. in *Computer*). Beiderseitig komplex sind Grapheme wie <(i)ew> für /ju:/ (z.B. in *Interview* und *Steward*). Ein Sonderfall der Laut-Buchstaben-Beziehung ist unser q, das nur in Verbindung mit u als <qu> für /k/+/v/ auftritt (z.B. in *quer* und *Qual*), ein Erbe aus der lateinischen Orthographie (s. Kapitel 14.1).

5.2.2 Ein anderer Blickwinkel auf das Verhältnis von Schriftzeichen (Graphemen) und Lauten (Phonemen) ist weniger simpel. Damit ermitteln wir den Kern der Kompliziertheit von Alphabetschriften. Es geht um die Frage, welche und wie viele Möglichkeiten es in einem Schriftsystem gibt, einen Laut wiederzugeben bzw. umgekehrt auf wie viele Laute sich ein Schriftzeichen beziehen kann. Der erste Teil dieser Frage nimmt die Position des Schreibers ein, der zweite Teil die des Lesers. Wir wollen diese beiden Seiten der Betrachtung zunächst einmal auseinanderhalten und nicht, wie es in einigen wissenschaftlichen Darstellungen geschieht, zusammenpacken. Wir bedienen uns dabei der in Kapitel 2 eingeführten verkürzten Schreibkonvention, z.B. <ie/i:/>, d.h. das Graphem <ie> bezieht sich auf das Phonem /i:/ (lang i), bzw. das Phonem /i:/ wird durch das Graphem <ie> repräsentiert.

Beginnen wir mit der Mehrwertigkeit aus der Sicht des Schreibers und wählen als Ausgangspunkt das Phonem /i:/. Dafür gibt es folgende Möglichkeiten der Verschriftung im Deutschen: in wenigen Fällen einfaches <i> (*Bibel, Tiger*), häufiger <ih> (*ihm, ihnen*), am allermeisten aber <ie> (*Riese, dieser*), und manchmal auch <ieh> (*sieht, flieht, zieht*). Beziehen wir nun auch die Fremdwörter ein, so kommen viele weitere Zeichen für /i:/ hinzu: <ea> (*Team, Jeans, Hearing* usw.), <ee> (*Teenager, Jeep, Weekend* usw.), <ey> (*Jersey, Hockey, Volleyball*) und <it> (*Esprit, Ondit*). Vier Zeichen beziehen sich also auf lang /i:/ in Erbwörtern, weitere drei in Fremdwörtern französischer oder englischer Herkunft. Eine ähnliche Mehrwertigkeit gilt für die meisten Vokale. Als weiteres Beispiel seien die Grapheme für /k/ genannt. Im Erbwortschatz gilt <k> bzw. <ck> (z.B. in *krank* und *Backe*), vor s außerdem <ch> (z.B. in *wachsen, Flachs*) und <x> für /k/+/s/ (z.B. in *Haxe, lax*). Typische Fremdwortgrapheme sind dagegen <ch> (z.B. in *Christ, Charakter, Chor*), <c> (in *Computer, Café, Club*) und <qu> (in *Kommuniqué*). Es liegt auf der Hand, daß die Bewahrung fremder Schreibkonventionen in Entlehnungen gerade für Schreiber erhebliche Erschwernisse bedeutet. Der Rechtschreibduden dankt seinen Erfolg nicht zuletzt der ausführlichen Darstellung aller geläufigen Fremdwörter in Schreibung, Aussprache und Bedeutung. Er lag stets griffbereit am Arbeitsplatz aller Sekretärinnen. Erst die Korrekturprogramme im PC haben ihn weitgehend überflüssig gemacht. All diese Beispiele illustrieren die Schreibregeln aus der Sicht der Schreiber, für den ein Laut viele graphische Repräsentanten haben kann. Wir können dies fachsprachlich graphemische Mehrwertigkeit nennen.

Dies ist aber nur die eine Seite der Medaille. Die andere zeigt folgendes Beispiel: Das Zeichen <i> kann sich sowohl auf /i/ (kurzes i) wie auf /i:/ (langes i) beziehen, wie in den Beispielen *Bitte* und *Bibel*; <ee> steht für /e:/ in *See, Seele, Kommuniqué*, andererseits – in englischen Lehnwörtern – für /i:/ in *Teenager, Jeep, Evergreen*; <au> steht im deutschen Erbwortschatz für den Diphthong /ao/, in französischen Lehnwörtern aber für /o/ (kurzes o) wie in *Restaurant, Chaussee, Chauffeur*. Dies ist eine andere Mehrwertigkeit, wir nennen sie phonemische Mehrwertigkeit, denn jetzt geht es darum, daß ein Schriftzeichen verschiedene Laute bezeichnen kann. Im Deutschen ist dies der Regelfall, sowohl bei Vokalen wie bei Konsonanten.

Ganz vorläufig läßt sich als Interpretation dieser beiden Seiten von Mehrwertigkeit sagen, daß es viel leichter ist, die verschiedenen Zeichen <i>, <ih>, <ie> und <ee> als Zeichen für /i:/ zu erkennen als umgekehrt zu wissen, wann wir als Schreiber /i:/ durch <i>, <ih>, <ie> oder <ee> wiedergeben sollen. Rezeptives Erkennen und produktives Beherrschen sind die beiden Seiten von Mehrwertigkeit, die hier die Seite des Lesers, dort die des Schreibers repräsentieren. Es ist offensichtlich, daß hier eine Asymmetrie vorliegt, die immer wieder Motivation für Rechtschreibreformen gewesen ist, um das Schreiben leichter zu machen. So unbestreitbar hier, systematisch betrachtet, ein Mangel vorliegt, so wenig konnte bisher erklärt werden, warum bisher alle diesbezüglichen Reformbemühungen gescheitert sind. Darauf kommen wir am Schluß (Kapitel 14) noch einmal zurück, weil von dieser Resistenz gegen Änderungen alle Bereiche der Rechtschreibung betroffen sind.

Um einen Überblick über Art und Ausmaß dieser Mehrwertigkeiten zu ermöglichen, gebe ich zunächst einmal eine exemplarische tabellarische Darstellung unter Einschluß der häufigsten Fremdwortschreibungen und nehme dann eine genauere Analyse einiger Problemfelder vor.

5.3 Mehrwertige Laut-Buchstaben-Beziehungen

Zwei Aspekte sollen hier illustriert werden: die Vielzahl von möglichen Graphemen für denselben Laut (graphemische Mehrwertigkeit) und die Bedeutung der mit den Fremdwörtern entlehnten Grapheme in unserem Schreibsystem. Deshalb wird in der Graphik der Laut in die Mitte gestellt, die jeweiligen Grapheme im Erbwortschatz stehen links, die im Fremdwortschatz rechts. Ist das gleiche Graphem bei beidem üblich, stehen sie in gleicher Zeile, im anderen

Graphem	Erbwörter	Phonem	Graphem	Fremdwörter
<e>	Ende, Vetter, Hilfe	/ɛ/	<e>	Element, Vers
<ä>	Ärger, März		<ä>	Äquivalent, Schärpe
			<ai>	Saison
			<a>	Action, Camping
<ä>	äsen, Bär	/ɛː/	<ä>	Ära, Sekretär
<äh>	ähnlich, Währung			
			<ai>	Airbag, fair
			<ais>	Palais
			<ät>	Porträt
<e>	Esel, wem	/eː/	<e>	Ethik, Planet
<eh>	Ehre, Lehm, Reh			
<ee>	Beet, Schnee		<ee>	Idee
			<ai>	Container
			<é>	Varieté
			<et>	Filet
			<er>	Atelier
			<ea>	Steak
<k>	Kelle, Bank	/k/	<k>	Kakao, Doktor, Fabrik
<ck>	Backe, Stock			(Scheck, Picknick)
			<c>	Club, circa, Music
<ch>	Christ			
			<qu>	Mannequin, Boutique
			<kk>	Mokka
<x>	Axt, fix	/k/+/s/	<x>	Xerokopie, Index
<ks>	links		<ks>	Keks
<chs>	Achse, sechs			
<cks>	Knicks			

Abb. 1: Graphemische Mehrwertigkeit bei Erb- und Fremdwörtern

Fall bleibt die linke bzw. die rechte Seite leer. Beispielwörter zeigen den jeweiligen Fall anlautend, inlautend oder auslautend. Für den Bereich der Vokale greife ich die Phoneme /ɛ/, /e:/ und /ɛ:/ heraus, für die Konsonanten das Phonem /k/, auch in Verbindung mit /s/.

Eine solche Aufstellung für das ganze deutsche Laut- und Graphemsystem würde sehr lang, ohne grundsätzlich neue Informationen zu bieten.[15] Deshalb beschränken wir uns auf diese Beispiele und knüpfen einige Beobachtungen an. Erb- und Fremdwörter haben einen Grundbestand von einfachen Graphemen gemeinsam wie <e>, <ä>, <k>. Sie sind in der Regel die häufigst gebrauchten und bilden einen gemeinsamen sprachübergreifenden Bestand aller Latein-basierten Alphabetschriften. Deshalb sind die Abweichungen bisher selten verzeichnet worden. Sie sind jedoch aufschlußreich für beide Seiten, die Besonderheiten der Fremdwörter wie des einheimischen Wortschatzes. In unseren Beispielen gehören dazu das Dehnungs-h, <ee> und <ck> (beides in den Fremdwörtern eine integrierte Schreibung) und <chs>. Die ansonste übliche Verdoppelung der Konsonantenzeichen (sog. graphemische Geminate) findet sich wegen der Regelschreibung <ck> nur in wenigen Fremdwörtern, und wegen des phonemisch komplexen Zeichens <x> gibt es auch die natürliche Schreibung <k> + <s> für /k/ + /s/ nur in *Keks* und *Koks*. Der Buchstabe c des deutschen Alphabets wird als eigenes Graphem <c> nur in zahlreichen Entlehnungen aus dem Lateinischen, Französischen und Englischen verwendet, in deutschen Wörtern taucht es nur in den komplexen Zeichen <ck>, <ch> und <sch> auf. Im übrigen zeigen die Fremdwörter alle bekannten orthographischen Eigenheiten ihrer Herkunftssprachen. Auf die häufigsten und charakteristischsten von ihnen gehe ich im Kapitel Fremdwörter näher ein.

Unter dem Aspekt der Mehrwertigkeit seien hier nur die Grapheme mit den meisten Laut-Relationen genannt (Beispielwörter in Klammern):

<a>: /a/ *(ab, Abitur)*, /a:/ *(da, Karo)*, /ɛ/ *(Camping)*, /ɛi̯/ *(Make-up)*;

<u>: /u/ *(bunt, Museum)*, /u:/ *(Schule, super)*, /a/ *(Butler)*, /y/ *(Bulletin)*, /y:/ *(Jury)* und /v/ in <qu> *(Qual, Quadrat)*;

<c>: /k/ *(contra)*, /tʃ/ *(Cello)*, /ʃ/ *(Chance, Clinch)*, /s/ *(City, Chance)*;

‹ch›: /χ/ *(ach, Chemie, Pfirsich)*, /k/ *(Christ)*, /tʃ/ *(Chip, Couch)*, /ʃ/ *(Chance, Clinch)*.

5.4 Vokalkürze und Vokallänge

Die Schreibung von kurzen und langen Vokalen im Deutschen ist einfacher und regelmäßiger, als es auf den ersten Blick erscheint, und auch sprachangemessener, als viele Darstellungen vermuten lassen. Das liegt daran, daß gerade hier die Aufzählung der verschienenen Grapheme als korrespondierende Segmente zu den Phonemen nicht genügt, die Sprachwirklichkeit abzubilden. Betrachten wir die Sache von zwei Seiten, zunächst das Lautsystem, dann die sichtbaren Gegebenheiten des Schreibsystems und bringen beides miteinander in Verbindung.

Als erstes muß man mit einer trivialen Beobachtung beginnen: Dehnung eines Vokals gibt es nur in hauptonigen Silben. Nebentonige oder unbetonte Silben haben stets kurzen oder sogar reduzierten Vokal. Dort besteht also gar kein graphematischer Bedarf, Länge oder Kürze auszudrücken, und dies geschieht auch nicht. In diesen Silben gibt es weder Länge- noch Kürzezeichen.

Eine Bemerkung ist noch zu den Begriffen ‹lang›, ‹kurz› und ‹reduziert› zu machen. Bekanntlich unterscheiden sich lange und kurze Vokale des Deutschen auch in der Lautqualität: die langen sind etwas offener als ihre kurzen Gegenstücke, die phonetische Transkription zeigt das durch gesonderte Zeichen an (vgl. a und ɑ in *hat* und *Rat*, ɪ und i in *bin* und *Biene*, ɛ und e in *Fell* und *fehl*, ɔ und o in *Wolle* und *wohl*, ʊ und u in *Schutt* und *Mut*, ʏ und y in *füttern* und *Güte*, ø und œ in *möchte* und *mögen*). Der Öffnungsgrad der Vokale wird artikulatorisch begleitet von größerer bzw. geringerer Gespanntheit der Lippen. Sprachwissenschaftler sind sich uneins, welches phonetische Merkmal, die Quantität oder die Gespanntheit, charakteristischer ist im Lautsystem. Für unsere Betrachtung ist das irrelevant. Allerdings ist festzustellen, daß unterschiedliche Zeichen für die unterschiedliche Lautqualität nicht entwickelt wurden, wohingegen Doppelvokal, ‹ie› und Dehnungs-h eher als Quantitätsmarkierungen anzusehen sind. (Im Falle von ‹ie› und Dehnungs-h sind es durch Lautwandel stumm gewordene Zeichen, die umgedeutet wurden.) Das Griechische hat mit Omikron (o) und Omega (ω), Epsilon (ε) und Ätha (η) solche verschiedenen Zeichen entwickelt, allerdings erst, nachdem die griechische Schrift in Italien bereits rezipiert war. So konnte diese Neuerung auch nicht an die Folgeorthographien des Lateinischen weitergegeben werden.

Unsere nächste Beobachtung zum deutschen Vokalsystem gilt einer Frage, die wir bereits in Kapitel 5.1 bei der s-Schreibung berührt haben: in welchen Positionen können Kurz- und Langvokal (bzw. ungespannter und gespannter Vokal) überhaupt konkurrieren? Wo wird der lautliche Kontrast zur Bedeutungsunterscheidung, d. h. phonologisch, genutzt? Bei unbetonten Silben haben wir das bereits ausgeschlossen. Bei betonten Silben gilt folgendes: Vokale in offenen Silben (d. h. Silben, die mit einem Vokal schließen) sind immer lang, z. B. in den Wörtern *da, See, roh, la-den, Frie-den, Mü-he*. Vokale in geschlossenen Silben, die mit zwei oder drei Konsonanten schließen, sind dagegen fast immer kurz, wie z. B. in den Wörtern *blind, hart, Wurst, Feld*. (Wenige Ausnahmen sind z. B. *Mond, Wert, Vogt*.) Nur in einer Gruppe von Silben kann der Vokal entweder kurz oder lang sein, in Silben, die mit einfachem Konsonant schließen. Hier gibt es echte Minimalpaare wie /sat/ (satt) und /sa:t/ (Saat), /rum/ (Rum) und /ru:m/ (Ruhm), /mite/ (Mitte) und /mi:te/ (Miete). Nur in dieser Position ist – systematisch gesehen – eine graphemische Markierung für Länge oder Kürze des Vokals erforderlich, in den anderen nicht. In den drei Beispielen ist das unterschiedlich gelöst, teils durch eine Längenmarkierung (Dehnungs-h bzw. <ie>), teils durch eine Kürzenmarkierung, die Verdoppelung des auslautenden Konsonantenzeichens oder durch beides. Die Schreibung <Mitte> stellt dabei einen besonderen Fall dar, weil <tt> nicht nur die Vokalkürze anzeigt sondern zugleich einen Konsonanten, der ein Gelenk zur folgenden unbetonten Silbe bildet. Die erste Silbe endet mit [t] und die folgende beginnt mit [t], wie man bei langsamem Sprechen merkt. Eben das wird auch graphisch abgebildet und kommt in der Silbentrennung am Zeilenende (*Mit-te*) zum Ausdruck.

Soweit zur lautlichen Seite der Vokalquantität. Sie ist wesentlich einfacher zu beschreiben als die graphematische. Eigentlich würde es genügen, in den genannten Fällen die Kürze anzuzeigen, also die Quantitätsmarkierung nur mit Doppelkonsonanten vorzunehmen und auf Dehnungszeichen gänzlich zu verzichten. Das ist auch schon mehrfach in Reformprogrammen vorgeschlagen worden. Der Verzicht auf Doppelvokale (künftige Schreibung: *Bot, Al, Wage, Har, Bere*) war anfangs auch Teil des jüngsten Reformprogramms und wurde erst auf Anraten der politischen Gremien getilgt.[16] Daß es zu einer solchen einfachen Lösung in der Geschichte der Schreibung des Deutschen nicht gekommen ist, hat mehrere Gründe. Sie seien hier zumindest angedeutet, da sie ein charakteristisches Licht auf die Entwicklung von Alphabetorthographien werfen.

Alle Schwierigkeiten in diesem Bereich haben ihren Ursprung in der Adaption des lateinischen Alphabets und des spätlateinischen Schreibusus für die althochdeutschen Dialekte von Franken, Bayern und Alemannen. Denn in der lateinischen Schreibung gab es keine graphische Markierung der Vokalquantität. Die damaligen Pioniere des Schreibens in deutscher Sprache übernahmen teilweise, wie die überlieferten Texte zeigen, diese Praxis, andere erfanden Markierungen für Langvokale wie z. B. Doppelvokale oder diakritische Längezeichen.[17] Es kam jedoch im frühen Mittelalter zu keinem einheitlichen Schreibusus. In mittelhochdeutscher Zeit war das Schreiben dann einer schwierigen Anpassung an grundlegende Veränderungen des Lautsystems ausgesetzt. Maßgebend für die damalige Schreibung wurden die Monophthongierung (so entstand die Schreibung <ie> für /iː/), der Schwund von h zwischen Vokalen (daraus entstand das Dehnungs-h), die Kürzung von gedehnten, mit Doppelkonsonant geschriebenen Konsonanten (dies führte zur Kürzemarkierung durch Doppelkonsonanten) und schließlich die Vokaldehnung in offener Silbe und vor Sonorkonsonanten (dort wurde das Dehnungs-h häufig eingesetzt). Der neuerliche Versuch, die Quantitätsmarkierung in der Schreibung zu bewältigen, geschah also mit konkurrierenden Mitteln und gelangte in einigen Bereichen (<ie> und Doppelkonsonanten) zu systematischen Ergebnissen, in anderen blieb dies auf halbem Wege stecken, weshalb die Verwendung des Dehnungs-h bis heute nur teilweise vorhersagbar ist. Die Doppelvokale, eigentlich ein besonders sinnfälliges Mittel, um Vokallänge auf ikonische Weise anzuzeigen, sind nur noch reliktisch vertreten. Mit dem Einsetzen des Buchdrucks und der Ausrichtung der Orthographie auf den Leser setzte ein Wandel ein, der zur Einführung zusätzlicher Markierungen für semantische Aspekte der Sprache führte. Die Regelung der Lautbezüge der Schrift fossilisierte dagegen weitgehend auf dem erreichten Stand, mit vielen Redundanzen und eben mit konkurrierenden Instrumenten. Bis heute ist es nicht gelungen, die Entstehungsprozesse dieses ‹Systems› genau zu verfolgen. Doch können wir zumindest aus den Ergebnissen erste Rückschlüsse ziehen. Insgesamt läßt sich sagen, daß die meisten Besonderheiten der deutschen Orthographie in der Auseinandersetzung des Schreibens mit dem Lautwandel des Deutschen entstanden sind. Eben deshalb sind es spezifische Erscheinungen der deutschen Rechtschreibung.

Im folgenden gebe ich eine etwas genauere Übersicht über die eben genannten graphischen Mittel der Vokalquantitätsmarkierung, von den regelmäßigen ausgehend bis zu den ganz unregelmäßigen. Ich verzichte aber auf den Versuch, durch raffinierte Deutungen doch noch ein hohes Maß an Regelmäßigkeit vorzuführen, halte es aber durchaus für möglich, daß noch Fortschritte in der Analyse zu machen sind. Ein Weg in diese Richtung besteht z. B. darin, der Geschichte der Schreibung mehr Unabhängigkeit vom Lautbezug, d. h. mehr Eigenständigkeit zuzutrauen.

Die regelmäßigste Erscheinung ist die Markierung der Vokalkürze durch folgende Doppelkonsonanz (*matt, Matte*). Das ähnelt graphisch gesehen dem Typ geschlossener Silbe mit zwei oder mehr Konsonanten (*blind, Wurst*). Weiterhin fällt auf, daß Grapheme, die aus zwei oder drei Buchstaben bestehen (Digraphe, Trigraphe) wie <ch>, <ng>, <sch> nicht verdoppelt werden (*lachen, Schlange, Masche*) und daß <ck> und <tz> auch den Wert von Doppelzeichen haben. Der Ursprung der graphischen Geminate liegt in der Abbildung langer, d. h. geminierter Konsonanten, wie es sie heute noch im Italienischen und auch in südalemannischen Dialekten der Schweiz gibt. Sie wurden im Laufe des Mittelhochdeutschen zu Kurzvokalen vereinfacht.[18] Dabei blieb die graphische Verdoppelung im Silbengelenk erhalten und wurde zunehmend als Signal für vorausgehende Vokalkürze interpretiert, man kann auch sagen neu funktionalisiert. Von zweisilbigen Paradigmenformen (z. B. *matte*) wurde diese Schreibung auch auf einsilbige Grundformen (*matt*) übertragen. Dies wird heute als Wirkung eines morphologischen Prinzips gedeutet, d. h. als graphische Vereinheitlichung, um die Einheit eines Wortes zu symbolisieren (siehe dazu Kapitel 6.3). So entstand die heute noch gültige regelmäßige Kürzemarkierung, die auch auf viele Entlehnungen wie *Truppe, salopp, schick, Kartell, Hostess* übertragen wurde. Ursächlich für diese Umdeutung und die weitere Vereinheitlichung ist die bekannte Retardation der Schriftentwicklung gegenüber dem Lautwandel. Dies Beharren auf tradierter Schreibung hat dann aber eine Neudeutung des Lautbezugs zur Folge.

Diese Deutung erlaubt es auch, ein paar Ausnahmen von der graphischen Gemination zu erklären, bei den Präpositionen und Konjunktionen *ab, an, bis, in, im, mit, ob, zum*. Es sind unflektierte grammatische Wörter, die keine zweisilbigen Paradigmenformen bilden können. In ihnen hat sich deshalb die ursprüngliche Schreibung ohne Quantitätsmarkierung erhalten können. Dies gilt auch für weitere grammatische Wörter wie *das, was* und *hat,* die nun allerdings neben *dessen, wessen, hatte* stehen. Vielleicht muß hier die Erfahrung in Anspruch genommen werden, daß sehr häufige Wörter besonders formstabil sind.

Auch die Dehnungsmarkierungen <ie> und Dehnungs-h haben, wie in Kapitel 5 gezeigt, lautgeschichtliche Wurzeln. Die Graphie <ie> bildete ursprünglich den Diphthong /i-e/ ab. Als er durch Monophthongierung zu /i:/ wurde, erhielt die beibehaltene Schreibung <ie> eine neue Deutung. Charakteristisch für solche Entwicklungen ist es, daß diese neue Deutung <ie/i:/> alsbald für andere Wörter mit Langvokal genutzt wurde. Es handelt sich dabei um die vielen neuen Fälle von Dehnung in offener Silbe wie in mhd. *rise*, nhd. *Riese*, mhd. *vride*, nhd. *Friede*. So wurde <ie> bis auf wenige (noch zu behandelnde) Ausnahmen als Schreibung für /i:/ generalisiert. Deshalb wird der Kontrast von lang und kurz i fast immer doppelt markiert wie in *bieten* und *bitten, Miete* und *Mitte, Bienen* und *binnen*. Man kann hier auch von einem Dehnungs-e sprechen, einem Zeichen für einen stumm gewordenen Laut. Solche stummen Laute gibt es in vielen Latein-basierten Schriften, z. B. auch in der noch jungen türkischen Orthographie (<g> als Längenmarkierung).

Ausnahmen von der <ie>-Schreibung bilden einerseits die Pronomina *mir, dir* und *wir*, die noch mhd. kurz gesprochen wurden und deren Schreibung vielleicht ähnlich zu deuten ist wie die der anderen grammatischen Wörter. Andererseits gehören dazu viele Lehnwörter wie *Tiger, Bibel, Fibel* und sämtliche Fremdwörter wie *Maschine, Violine, Kilo, Giro*. Sie repräsentieren die Regelschreibung bei Langvokal, wie sie bei allen anderen Vokalen gilt: keine Markierung der Dehnung in offener Silbe wie in *Ober, mager, fade* bzw. geschlossene Silbe mit einfachem Konsonant wie in *war, nur* und *für*. Man sieht, wie hier zwei Schreibregeln in Konflikt gerieten: Nicht-Markierung in neutralisierter Position und generelle Markierung aller Fälle. Hinzu kommt eine dritte Regel, der Einsatz des Dehnungs-h (*ihnen, ihm*).

Nur unregelmäßig findet sich dieses Dehnungszeichen, und zwar in etwa jedem zweiten Wort vor den Sonorkonsonanten r, l, m, und n. Auch hier liegt ein Fall von Generalisierung einer Umdeutung vor (stumm gewordenes /h/ mit Dehnung wie in mhd. *vorhe* zu nhd. *Föhre*). Die Beschränkung auf wenige Folgekonsonanten hängt wohl mit den Ausgangswörtern dieser Entwicklung und der gleichzeitigen Dehnung vieler anderer Wörter mit Sonorkonsonanten wie z. B. mhd. *varn* nhd. *fahren*, mhd. *zal* nhd. *Zahl*, mhd. *lam* nhd. *lahm* zusammen. Eine weitere Deutung des stummen <h> bezieht sich auf Fälle wie *sehen, drohen, leihen, Krähe, Höhe*. <h> dient hier der sichtbaren Trennung von zwei Silben, deren erste mit Vokal endet und deren zweite mit Vokal beginnt, es markiert den Beginn der unbetonten Silbe, wie auch in der Trennung am Zeilenende (*se-hen, Krä-he*). Dies <h> wurde dann auch in andere Paradigmenformen aufgenommen wie in *sieht* und *droht*, es erscheint ebenso in *Kühe* wie in *Kuh*, in *Flöhe* wie in *Floh*.

Als letztes sind die zwei Dutzend Fälle von Doppelvokal wie *Aal, Haar, Saat, Beere, Beet, Klee, Boot, Moos* zu besprechen. Es sind erhaltene Reste einer Langvokalmarkierung, die sich nicht gegen andere durchsetzen konnte. Auffällig ist die große Zahl der Einsilber. Dient der Doppelvokal hier der graphischen Verlängerung eines lexikalischen Wortes im Kontrast zu den grammatischen Wörtern ohne Quantitätsmarkierung? In einigen Fällen wird die Varianz genutzt, gleichlautende Wörter verschiedener Bedeutung (Homonyme) graphisch zu unterscheiden wie *Moor* und *Mohr, wage* und *Waage, rede, Rede* und *Reede*. Gut erklären läßt sich das häufige Vorkommen von <ee>, denn der Buchstabe e kommt im Deutschen vor allem in Flexionssilben für den unbetonten Laut [ə] vor. <ee> wie in *See, Fee, Klee, Schnee* schließt diese Deutung aus. Es kann sowohl Länge wie Betontheit markieren. Diese Funktion wird besonders deutlich bei der Integration französischer Entlehnungen wie *Armee, Chaussee, Kaffee, Komitee, Kupee, Livree, Püree, Tournee.*

Fassen wir nochmals zusammen: Es gibt einerseits (aus phonologischer Sicht) nur einen eingeschränkten Bedarf, die Quantität des betonten Vokals in einer Silbe überhaupt zu markieren, da Vokale in offener Silbe immer lang und vor Doppel- oder Mehrfachkonsonant fast immer kurz sind. Tatsächlich entspricht die Schreibung sehr weitgehend diesen lautlichen Gegebenheiten. In fast 70 % aller Fälle von offener Silbe gibt es keine Längenmarkierung.[19] In den übrigen Fällen aber gibt es sie, z. B. immer bei /i:/ (wie in *Liebe*), bei anderen Vokalen meist durch Dehnungs-h wie in *fahren, mahlen, nehmen, wähnen* (also nur vor r, l, m, n) neben *waren, schälen, schämen, denen*. Nicht selten wird die Varianz zwischen den verschiedenen Möglichkeiten genutzt, um Homonyme zu unterscheiden wie bei *war/wahr, Ur/Uhr, malen/mahlen, Sohle/Sole, mehr/Meer, leeren/lehren, Moor/Mohr*. Auch der Kontrast von Lang- und Kurzvokal wird oft doppelt markiert wie in *binnen/Bienen, kann/Kahn, still/Stil/Stiel, fehl/Fell, hehr/Herr, ihr/irr, lahm/Lamm*. Dies gehört in das weite Feld von Redundanz, von Überbestimmung in der Sprache, deren Sinn sich nicht systematisch bestimmen läßt. Eines kann man dazu aber erneut wiederholen: sie dient dem Leser.[20]

5.5 Wie schreibt man Diphthonge

Es gibt drei Diphthonge in der deutschen Standardsprache, /ae/, /ao/ und /ɔø/, für die wir fünf Grapheme benutzen <ei>, <ai>, <au>, <eu> und <äu>. Zur Charakteristik dieser Laute brauchen wir wenig zu sagen. Es sind sog. fallende Diphthonge, deren erster Bestandteil mit stärkerem Druck artikuliert wird als der zweite. Aus diesem Grund ist der erste Teil auch eindeutiger bestimmbar als der zweite, der deshalb unterschiedlich transkribiert wird. Die Lautung interessiert uns hier aber nur insoweit, als wir fragen, wie sie durch die einzelnen Buchstaben wiedergegeben wird. Regelmäßig, in Übereinstimmung mit den sonstigen Laut-Buchstaben-Beziehungen, müßten sie etwa so geschrieben werden: <ae> oder <ai>, <ao> oder <au> und <oi> oder <oü>. Weshalb das nicht geschieht, läßt sich nur schriftgeschichtlich erklären. Wir konzentrieren uns dabei auf die besonders abweichenden Fälle. Die Schreibung <ai> gibt den

Diphthong richtig wieder, kommt aber nur in etwa einem Dutzend Wörtern vor. <ei> ist weniger passend und entspricht eher einer Lautung [e-i], wie sie im Mittelhochdeutschen üblich war, ist aber der Regelfall der Schreibung. Die Varianz der Schreibung erklärt sich aus einem doppelten Lautwandel. Zuerst entstand zusätzlich zu dem vorhandenen Diphthong /ei/ ein weiterer durch Diphthongierung von /i:/, etwa gesprochen wie unser heutiges /a̯e/, dann fielen beide (ab dem 15. Jahrhundert) zusammen. Für den alten mittelhochdeutschen Diphthong hatte sich die Schreibung <ai> durchgesetzt, für den neuen die Schreibung <ei>. Diese Unterschiede blieben z. T. bis heute erhalten. Hinzu kamen ein paar Lehnwörter wie *Kaiser, Mai, Mais*. Vielfach wurde die Varianz genutzt, Homonyme zu differenzieren wie *Saite* (mhd. *seite*) und *Seite* (mhd. *sîte*), *Waise* (mhd. *weise*) und *Weise* (mhd. *wîse*), *Waid* (mhd. *weit*) und *weit* (mhd. *wît*), *Laib* (mhd. *leib*) und *Leib* (mhd. *lîp*), *Laich* (mhd. *leich*) und *Leiche* (mhd. *lîch*). Auch der mhd. *keiser* wurde zu unserem *Kaiser* wie mhd. *mei* zu *Mai*.[21] Die Beseitigung dieser Varianz stand schon auf vielen Reformprogrammen, auch dem jüngsten. Der öffentliche Spott über *den Keiser, der einen Al im Bot hat*, führte aber zu schneller Zurücknahme.[22]

Komplizierter liegen die Verhältnisse bei dem Diphthong /oi/ und seinen Schreibungen <eu> und <äu>. Dies will ich mit einem Beispiel andeuten. Unser Wort *Leute*, gesprochen /loite/, geht zurück auf mhd. *liuti* /ly:te/, dies auf ahd. *liuti* /li-uti/ und dies auf ein erschließbares germanisches *leudi /le-udi/. Das Wort hat seit germanischer Frühzeit mehrere regelmäßige Lautwandlungen erfahren: Zuerst, schon vor Einsetzen der althochdeutschen Überlieferung im 8. Jahrhundert, die Spaltung von /e-u/ je nach Vokal in der Folgesilbe zu /i-u/ (wegen folgendem /i/) bzw. /e-o/ in anderen Fällen. Mit diesem Diphthong /i-u/ fallen Wörter mit folgendem /v/ wie *triuuua* ‹Treue› zusammen und werden zu mhd. /y:/ monophthongiert, wobei jedoch die ursprüngliche Diphthongschreibung <iu> für diesen Langvokal erhalten bleibt. Zum Neuhochdeutschen wird mhd. /y:/ erneut diphthongiert zu /oi/, als Schreibung setzt sich schließlich seit dem Frühneuhochdeutschen die Graphie <eu> durch, mit einer Nebenform <äu>, die alsbald als Umlautform von <au> eine neue Funktion erhält (s. Kapitel 6.2). Im Ergebnis schreiben wir heute den Stammvokal im Wort *Leute* genauso, wie unsere

Vorfahren vor ca. 1500 Jahren, trotz mehrfacher Lautveränderungen von /e-u/ zu /i-u/ zu /y:/ und zu /oi/. Zwar ist eine solche Kontinuität nicht unmittelbar bezeugt, die heutige Schreibung ‹eu› hat sich wohl erst im späten Mittelalter durchgesetzt, doch ist die Bewahrung der ahd. Diphthongschreibung ‹iu› für mhd. /y:/ das ausschlaggebende Moment. So erklärt sich wiederum eine typische Eigenheit deutscher Orthographie aus der Lautgeschichte des Deutschen.

5.6 Unser ‹ng›

Warum schreiben wir eigentlich nicht *Bangk* und *wingken* statt *Bank* und *winken* für die Lautungen /baŋk/ und /viŋken/, wird doch hier vor k der gleiche ŋ-Laut gesprochen wie in den Wörtern *hing* und *ringen* (/hiŋ/ und /riŋen/)? Diese Frage haben sich Reformer bisher nicht gestellt, obwohl es doch eine echte Systematisierung wäre, gleich gesprochene Laute auch gleich zu schreiben, so wie das bei ‹ai› und ‹ei› angestrebt wurde. Warum also schreiben wir /ŋ/ einmal als ‹n› (in *winken* und *Bank*), sonst aber als ‹ng› wie in *Ring, bange, ringen*? Die Antwort gibt wiederum interessanten Aufschluß über die Ökonomie der Schrift und ihre Hintergründe im Lautsystem. Vor /k/ wurde der palatale Nasal /n/ regelmäßig an den folgenden velaren Verschlußlaut /k/ angeglichen (assimiliert) und entsprechend als velarer Nasal ŋ gesprochen. Das gilt auch für alle Fremdwörter wie z. B. *Funktion, Drink, Tanker*. Es liegt ein umgebungsbedingter regelmäßiger Lautwandel vor, der automatisch realisiert wird und zu der Regel geführt hat «vor /k/ ist nur der Nasal ŋ möglich». Sprachwissenschaftlich gesprochen liegt ein Allophon vor. Das Phonem /n/ hat die beiden Allophone [n] und [ŋ].

Warum aber dann die ‹ng›-Schreibung in *Ring* und *hing*, wo doch der gleiche Laut gesprochen wird? Weil der Laut ŋ hier einen anderen Status hat. In dieser Position ist er kein Allophon von /n/, sondern steht in Kontrast zu /n/ und bildet ein eigenes Phonem /ŋ/. Das beweisen viele Minimalpaare wie *Wanne* /vane/ und *Wange* /vaŋe/, *hing* /hiŋ/ und *hin* /hin/, *ran* /ran/ und *rang* /raŋ/. Dafür gibt es konsequenterweise auch ein eigenes Graphem ‹ng›, das noch erkennen läßt, wie der Laut ŋ entstanden ist, nämlich aus der Assimilation von n und g. (Dabei ging das Merkmal ‹nasal› aus dem

Nasalkonsonanten /n/ und das Merkmal ‹velar› aus dem Verschlußlaut /g/ in das neue Phonem /ŋ/ ein.)

Fazit: Auch hier erfolgt eine graphematische Differenzierung nur
dort, wo sie phonologisch erforderlich ist.

5.7 *Schtich und Schpitze*

Mancher hat sich schon gewundert, warum wir schreiben *schmal,
Schlange, Schwester, Schnee* und *Schrank*, aber nicht *Schtich und
Schpitze, *Schpiegel* und *Schtein. Man liest dies allenfalls bei Kindern, die gerade mit dem Schreiben anfangen, eine läßliche Analogie, die aber sehr bald aus den Heften verschwindet. Oder hat es
vielleicht damit zu tun, daß manche Deutsche an den s-pitzen S-tein
s-toßen, d. h. unseren standardsprachlichen sch-Laut vor p und t
wie /s/ aussprechen?

Für eine Antwort müssen wir uns wiederum die Regeln des
Lautsystems vergegenwärtigen. Am Beginn einer Silbe (sog. Anfangsrand) kann in unserer Standardsprache vor den Konsonanten
m, n, l, r, v, p und t nur ein einziger s-Laut stehen, das palatalisierte ʃ,
weder stimmloses noch stimmhaftes s sind möglich. Das war im
Mittelhochdeutschen noch anders, man schrieb und sprach *smal,
slange, snê, swarz, sprâche* und *stein* (aber bereits *schrîben*). Unsere
heutige Aussprache entstand im späten Mittelalter durch Palatalisierung, doch drang dieser Sprachwandel nicht bis zu den niederdeutschen Mundarten vor. Der s-pitze S-tein ist ein umgangssprachlicher Anklang an diese Dialekte.

Die Frage ist nun: warum wurde überhaupt die sch-Schreibung
auf diesen Fall übertragen und warum nicht regelmäßig? Denn offenbar gibt es in dieser Position kein /s/ und kein /z/. Die Opposition aller drei s-Laute ist hier aufgehoben (neutralisiert). Nach dem
Muster der Schreibung *Bank* und *winken* (Kapitel 5.5) könnten alle
diese Wörter mit sm-, sl-, sn-, sw- und sr-, sp- und st- beginnen, also
*smal, *Slange, *Snee, *swarz wie *Sprache* und *Stein*. Diese beiden
Schreibungen wären eigentlich überall die ökonomischsten und die
Fehler der Kinder gar keine. Sie hätten vielmehr in ihrer intuitiven
Sprachanalyse richtig geschrieben.

Warum dies in unserer Schreibnorm nicht gilt, darüber wird bis
heute gerätselt. Zwei Vermutungen sind nicht völlig abwegig: Zu-

nächst muß man vorausschicken, daß die Schreibung <sch> in anderen Positionen zur Unterscheidung von <s> erforderlich ist, z. B. in *Schatz* /ʃats/ gegenüber *Satz* /sats/, in *Schal* /ʃa:l/ gegenüber *Saal* /sa:l/, *wischen* /viʃen/ gegenüber *wissen* /visen/ und *Fisch* /fiʃ/ gegenüber *fis* /fis/. Entstanden ist das Zeichen <sch> für /ʃ/ übrigens durch Assimilation von /s/ und /k/, z. B wurde ahd. *skôni* /sko:ni/ zu mhd. *schœne* /ʃœ:ne/, ahd. *fisk* /fisk/ zu mhd. *fisch* /fiʃ/. Eine Zwischenstufe dieser Entwicklung war wahrscheinlich /fisχ/ und /sχo:ni/ mit velarem Reibelaut. Das erklärt die Schreibung <sch>, die aus <s>+ <ch> entstanden ist. In der Aussprache von niederländisch *schilling* [sχiliŋ] ist diese Vorstufe der Vollassimilation noch erhalten.

Aus der Verwendung von <sch> für diesen neuen assimilierten Laut erfolgte offenbar die Übertragung auf unsere Fälle. Eine zusätzliche Begründung liefert die Häufung von Konsonantenzeichen, wie sie z. B. in *Schtrich und *Schpritze aufträte, weil hier am Wortbeginn schon drei Konsonanten stehen. Wir können zwar die Hintergründe beleuchten, im übrigen aber nur feststellen, daß die geltende Regelung eine gewisse unsystematische Redundanz aufweist, die immer wieder auffällt, aber eigentlich keinerlei Probleme bereitet.

5.8 Vaters Frevel

Eine andere Unregelmäßigkeit liegt im Gebrauch des Buchstabens und Graphems <v>. Es gibt im Deutschen einen stimmlosen und einen stimmhaften labialen Reibelaut, /f/ und /v/, die in der Regel <f> bzw. <w> geschrieben werden. Anlautend kommen beide vor, z. B. in *Wald* und *Feld,* auch inlautend z. B. in *Hafen* und *Löwe,* dagegen bewirkt die Auslautverhärtung, daß der Kontrast neutralisiert wird, z. B. in den vielen Fremdwörtern auf *-iv* wie *positiv, negativ, naiv* (jeweils [i:f], in der Paradigmenform *positive* aber [poziti:ve]). Die Schreibung mit <v> für den stimmhaften Reibelaut /v/ in Fremdwörtern (die Transkription darf hier nicht irritieren) ist sehr regelhaft, ebenso <w> in einheimischen Wörtern. Eine Ausnahme bilden nur die Vorsilben *ver-* und *vor-* sowie ein gutes Dutzend weitere Wörter wie *Vater, Vetter, viel, vier, von, Vogel.* Läßt sich das erklären oder begründen? Dazu schrieb vor über hundert

Jahren Oskar Brenner: «Ein Bedürfnis für beide Buchstaben ist durchaus nicht vorhanden, die Regeln über den Gebrauch derselben sind eine Beschwerung des Schreibunterrichts, die einmal sicher fallen muß».[23] Bei der jetzigen Reform geschieht dies allerdings wieder nicht, da gerade häufige Wörter besonders resistent sind gegen Schreibveränderungen, d.h. besonders hartnäckig gegen sie verteidigt werden. Darum werden diese Wörter auch weiterhin gelernt werden müssen. Es gibt jedoch eine gewisse einschränkende Regel: <v> kommt nur im Anlaut vor Vokal vor, außer vor <u>. Dies läßt sich sprach- und schriftgeschichtlich erklären. Die Buchstaben v und u waren ursprünglich nur Schreibvarianten, die sowohl den Vokal wie den labialen Reibelaut bezeichnen konnten. Deshalb vermied man doppeltes u am Wortanfang, vor a, e, i und o diente es als Zeichen für /f/. Aus dem doppelten u entwickelte sich später das Zeichen w, wie die englische Bezeichnung ‹double-u› noch erkennen läßt.

Im übrigen spiegelt sich in der Konkurrenz von <f> und <v> im Anlaut eine unterschiedliche Herkunft, anfangs auch eine unterschiedliche Lautung. <f> stand für stimmlosen, <v> für stimmhaften Reibelaut.[24] Auch im Paradigma einzelner Wörter wechselte die Schreibung wie z.B. in mhd. *hof* und *hoves* (für nhd. *Hof*). Nur in einem einzigen Wort hat sich dies in der Schreibung bis heute erhalten, in *Frevel*. Mit dem späteren lautlichen Zusammenfall wurde die graphische Unterscheidung obsolet. Der stimmhafte labiale Reibelaut wurden nun immer mit <w> geschrieben.

Erst durch den Fremdwortschatz lateinischer und französischer Herkunft kam der Buchstabe <v> wieder zu Ehren, und zwar als die Regelschreibung für den stimmhaften Frikativ /v/ in *Virus, Verb, privat, Universität, naiv* usw.[25] Damit wurde die Ausnahme in *Vaters Frevel* wieder zu einem häufigen Regelfall.

5.9 Rückblick

Laut-Buchstaben-Beziehungen sind der Kernbereich aller Alphabetschriften. Deshalb waren sie hier ausführlich zu behandeln. Dabei habe ich Teile, die in der Rechtschreibdebatte als ein eigenes Thema gelten, ausgegliedert, um die Übersichtlichkeit nicht zu gefährden. Dies gilt für die Kapitel 7 und 8 zur s-Schreibung sowie

Kapitel 6 zur Stammschreibung, die über die engeren Fragen der Repräsentanz von Lauten durch Buchstaben hinausreichen.

Im folgenden werfe ich noch einmal einen Blick zurück auf die einzelnen Themen von Kapitel 5, um wichtige Aspekte, von Details entlastet, hervorzuheben. Als erstes galt es, in 5.1 ein mögliches Mißverständnis des Ausdrucks ‹Laut-Buchstaben-Beziehung› auszuräumen, indem erläutert wurde, was ‹Laut› in diesem Kontext bedeutet. Damit wurde zugleich verdeutlicht, daß Alphabetorthographien auf das Lautsystem in phonologischer Hinsicht Bezug nehmen, nicht wie Transskriptionssysteme auf die artikulierten und gehörten Laute. Als nächstes wurde in Kapitel 5.2 und 5.3 das Verhältnis von ‹Lauten› und Buchstaben mit den Begriffen ‹Komplexität› und ‹Mehrwertigkeit› erläutert. Sowohl die Verbindung mehrerer Buchstaben zu einem Graphem (wie in <ch> und <sch>) wie auch der Bezug von einem Graphem auf mehrere verschiedene Phoneme und umgekehrt gehört zu den charakteristischen Merkmalen aller Alphabetschriften. An fünf Beispielen (Kapitel 5.4 – 5.8) wurde sodann gezeigt, wie kompliziert und doch weitgehend sprachangemessen die Laut-Buchstaben-Beziehungen in der deutschen Orthographie normiert sind. Es stellte sich dabei heraus, daß diese Beziehungen auf einer Analyse des Lautsystems beruhen, in der auch der Umstand Berücksichtigung fand, daß in vielen Positionen die phonologischen Kontraste neutralisiert sind und deshalb auch im Schreibsystem unmarkiert bleiben. Denn Lautsysteme bestehen nicht nur aus einem bestimmten Inventar von Lauten (Phonemen) sondern auch aus sprachspezifischen Regeln ihrer Verknüpfung (Phonotaktik). Gerade für das Deutsche sind z. B. die komplexen Konsonantenverbindungen im Silbenanlaut und -auslaut sowie die Beschränkung der Opposition von Vokalkürze und -länge charakteristisch. Es zeigte sich aber auch, daß es viel Redundanz in der Nutzung konkurrierender Regeln gibt. Häufig wurde das Nebeneinander verschiedener solcher Regeln aber auch neu funktionalisiert, um Homonyme der gesprochenen Sprache in der Schreibung (durch Heterographie) zu unterscheiden.

Immer wieder wurde sichtbar, daß die Spezifik unserer Schreibung auf Prozessen des historischen Lautwandels beruht. Die Schreibung spiegelt insofern historische Lautzustände, weil die Anpassung an neue Lautverhältnisse nur sehr verzögert erfolgt. Allerdings bietet das aktuelle Bild keineswegs nur fossilisierte Schreibungen. Zumeist wurden bestimmte Neuinterpretationen, z. B. von <ie> als /iː/, als neue Regel benutzt, um generell, also auch in anderen Wörtern, lang i zu bezeichnen. Die Markierung der Vokalquantität in der deutschen Orthographie ist ein Paradebeispiel für die verschiedenen Instrumente, die eingesetzt wurden, den Mangel an Quantitätsmarkierungen bei der Adaption der lateinischen Schrift zu beheben. Dies liefert auch Anschauungsmaterial, wie das Schreibsystem von unsichtbarer Hand verändert wurde. Kein Drucker und kein Minister, kein Verleger und kein linguistisch motivierter Reformer kann dafür verantwortlich gemacht werden.

6. Stammschreibung

6.1 Keine Auslautsverhärtung in der Schrift

Warum schreiben wir *Leute* und *heute*, aber (mit gleichem Stammvokal) *läuten* und *häuten*? Warum *Eltern*, aber *älter*, die beide gleich gesprochen werden? Warum schreiben wir *Bild* und *Burg*, aber *halt* und *stark*, wo doch in beiden Fällen ‹hartes› t bzw. k gesprochen wird? Widersprechen diese Schreibungen nicht dem Grundprinzip der Laut-Buchstaben-Beziehung, den gleichen Laut durch die gleichen Zeichen wiederzugeben? Dem folgte das Mittelhochdeutsche viel besser. Man schrieb *bilt, burc* und *lenge* für *Bild, Burg* und *Länge*. Erst seit dem 16. Jahrhundert tauchen regelmäßig Schreibungen auf, die sich am Stamm orientieren, also *Bild* mit d wegen der Paradigmenformen *Bildes, Bilde, Bilder* bzw. *Länge* wegen der Ableitung aus *lang*. Diese sogenannten ‹Stammschreibungen› werden auch bereits in den ersten Rechtschreiblehren von Kolross (1530) und Frangk (1531) angeführt. Wir interpretieren diese neuere Entwicklung der deutschen Orthographie als Orientierung am Leser, der die Wörter einer Wortfamilie schnell erkennen soll. Das wird zweifellos erreicht, wenn man die lautlichen Abwandlungen in einem Flexionsparadigma und in Ableitungen nicht berücksichtigt, sondern die kleinsten lexikalischen Einheiten (Morpheme) immer gleich schreibt. Darum ist dies Verfahren in der neueren Forschung einem ‹morphologischen Prinzip› zugeordnet worden.[26] Wir kommen auf diese Prinzipien-Zuordnung später zusammenfassend zu sprechen. Hier sei nur erläutert, daß damit die Ebene der Bezüge zwischen Phonemen und Graphemen überschritten wird. Diese Schreibungen dienen der leichteren Identifikation des Wortstammes, nehmen also Bezug auf die kleinsten bedeutungstragenden Einheiten. Allerdings geschieht dies nicht mit Logogrammen, d. h. mit spezifischen Zeichen wie den arabischen Zahlen oder den Zeichen § oder $ oder %, sondern mit phonographischen Mitteln. Wie ist dies möglich? Greifen wir exemplarisch ein Beispiel heraus! Durch die Auslautsverhärtung im Wort *Burg* [bʊrk] ist die Opposition zwischen /g/ und /k/ am Silbenende ‹neutralisiert›, d. h. aufgehoben. In dieser Position ist [k] nur ein Allophon, eine Variante des Phonems /g/. Dafür stehen zwei Zeichen zur Verfügung, <g> oder <k>. Die mhd. Schreibung *burc* (<c> steht für k) ist lautorientiert, die Schreibung *Burg* läßt sich doppelt interpretieren: als Phonemschreibung (ähnlich wie <n> in Bank, s. oben Kapitel 5.6) oder als morphemorientierte Schreibung. Dies widerspricht sich nicht, sondern ist nur eine verschiedene Sichtweise. Denn der Bezug auf die abstrakte Lautklasse, das Phonem, überwindet ja gerade die lautliche Varianz (hier auf Grund von Auslautsverhärtung) und schafft die Möglichkeit einer konstanten phonographischen Repräsentation von Morphemen. Es ist bekannt, daß alle Alphabetschriften – ja älter sie sind, um so mehr – von dieser Möglichkeit Gebrauch machen. Insofern sind sie auch keine reinen phonographischen Schriftsysteme mehr, sondern Mischsysteme, die sich auch für ihre Bezüge auf Morpheme und Wörter phonographischer Mittel bedienen. (Umgekehrt können auch logographische Schriftsysteme Lautbezüge aufweisen.)

Der Vollständigkeit halber sei hier die Reichweite der Stammschreibung bei auslautenden Konsonanten skizziert. Betroffen sind alle Verschluß- und Reibelaute (sog. Obstruenten), bei denen es die Opposition fortis/lenis bzw. stimmhaft/stimmlos gibt.[27] Stammschreibung begegnet bei jenen Verschluß- und Reibelauten, die in Wörtern einer Wortfamilie am Silbenende oder inlautend stehen können. Man vergleiche *Burg* [bʊrk], *Burgberg* [bʊrkbɛrk] und *Burgen* [bʊrgən], *Ende* [ɛndə] und *endlich* [ɛntlɪç], *halb* [halp] und *halbe* [halbə], *naiv* [naˈiːf] und *naiver* [naˈiːvɐ], *Kurve* [kʊrvə] und (er) *kurvt* [kʊrft]. Landschaftlich unterschiedlich ist die Neutralisierung von auslautendem g, man vergleiche *steinigen* [ʃtaenɪgən] und *steinig* [ʃtaenɪç] bzw. [ʃtaenɪk]. Natürlich geht der Stimmton im Auslaut auch bei [z] verloren, doch ist die Schreibung hier nicht mitbetroffen, vgl. *reisen* [raezən] und (er) *reist* [raest].

Auslautsverhärtung und deren Nichtberücksichtigung in der Schreibung treten im Deutschen sehr häufig auf, da deutsche Silben nicht selten mit Obstruent oder Liquid + Obstruent enden (wie z.B. in *Hund, Berg, Held, Vers*). Hinzu kommt, daß auf Grund der Kompositionsfreudigkeit des Deutschen diese Konsonaten häufig im Silbenauslaut stehen (wie z.B. in *Burgberg, endlos, Intensivstation, Halbzeit*). Deshalb ist die Stammschreibung mit b, d, g, v zu einem charakteristischen Zug der deutschen Orthographie geworden.

6.2 Die Umlautzeichen <ä> und <äu>

Ein weiterer ebenso häufiger Typ solcher Stammschreibung sind die Umlautschreibungen <ä> und <äu> (statt <e> und <eu>). Durch die Ähnlichkeit zwischen ä und a bzw. äu und au wird gleichsam eine graphische Eselsbrücke hergestellt. Die Umlautschreibung tritt regelhaft in zwei Bereichen auf: den Paradigmen der Flexion und bei Wortbildungen in einer Wortfamilie. Einmal geht es um den Umlaut von a bzw. au im Wechsel von Singular und Plural bei Substantiven (*Bad – Bäder, Haus – Häuser*) und um Grundform und Komparativ/Superlativ bei Adjektiven (*lang – länger – am längsten*), zum anderen um den gleichen Umlaut bei Ableitungen (*Haus – häuslich, lang – Länge, Tat – Täter, Faden – einfädeln*). In der Flexion gilt die Umlautschreibung (ä, äu) ausnahmslos, in der Wortbildung gibt es dagegen viele Ausnahmen, die sich oft daraus erklären lassen, daß die Verbindung zwischen Grundwort und Ableitung nicht oder kaum mehr durchsichtig ist. So denkt beim Wort *Eltern* niemand mehr an das einstmals zugrundeliegende Adjektiv *alt*, anders bei *alt* und *älter*, die selbstverständlich als Formen eines Wortes erkannt werden. Unter ‹Eltern› versteht man in der Regel die leiblichen Eltern, also Vater und Mutter, zugleich die Erziehungsberechtigten. Daß sie älter sind als die Kinder, versteht sich, dies ist aber kein primäres Merkmal ihrer Elternschaft. Ähnliches gilt für das Wort *Blesse*, das einst von *blaß* abgeleitet wurde, aber heute eine sehr spezifische, verengte Bedeutung besitzt: ‹Weißer Fleck oder Streifen auf der Stirn oder dem Nasenrücken (besonders bei Pferden und Rindern)›. In diesen und vielen anderen Fällen ist die semantische Beziehung zum Grundwort verdunkelt. Bei *Stengel* denken wir nicht an *Stange*, bei *behende* nicht an die *Hand*, sonst würde man wohl nicht sagen: «Er sprang behende über den Zaun». Wir können vermuten, daß mit der Verdunkelung der Beziehung (Demotivation) auch die motivierende Umlaut-Schreibung verloren gegangen ist oder daß diese gar nicht erst eingeführt wurde. Auf jeden Fall besteht hier kein Bedarf, durch <ä> oder <äu> eine verlorengegangene Beziehung zu restituieren. Das wäre auch nicht der Rede wert, hätte die Rechtschreibreform nicht eben Schreibungen wie *behände, verbläuen* und *Stängel* obligatorisch eingeführt, um armen Schülern eine angebliche Rechtschreibhilfe zu geben.

Die wenigen neuen Umlautschreibungen sind nur ein kleiner Rest eines ursprünglich viel größeren Reformprogramms, das die Unregelmäßigkeiten bei e, ä, äu und eu beseitigen sollte. Es gibt nämlich nicht nur Fälle unterbliebener oder beseitigter Umlautschreibung wie *behende, Stengel, verbleuen, greulich,* sondern ebenso viele unbegründete ä und äu, die man eigentlich rückgängig machen müßte, z.B. in *gräßlich* und *Dämmerung, März* und *verhätscheln,* dazu viele Fremdwörter aus dem Griechischen wie *Ästhet, Märtyrer, Präsident.* Deren ä-Schreibung erklärt sich aus der lateinischen Adaption dieser Wörter, hat also überhaupt nichts mit dem Stammprinzip zu tun. Dies gilt auch für die Familiennamen, bei denen e und ä, eu und äu für Variantenreichtum sorgen. Bei *Becker* und *Bäcker, Breuer* und *Bräuer* herrscht der Zufall von Tradition und Überlieferung, die bisher keinen Namensträger gestört hat.

Überblickt man die Varianz von <e> und <ä> bzw. <äu> und <eu> im deutschen Wortschatz, so gewinnt man den Eindruck, daß im Kernbereich der Flexion und der produktiven Wortbildung große Regelmäßigkeit herrscht. Bei eindeutigem Bezug auf eine nichtumgelautete Grundform tritt immer Umlautschreibung auf. Wo eine Wortbildung nicht mehr durchsichtig ist, weil das betreffende Bildungsmodell kaum mehr gebraucht wird, gerät diese Systematik in Auflösung: einerseits finden wir noch umgelautete Bildungen wie *Ärmel* (zu *Arm*), *Tränke* (zu *Trank*), *Säckel* (zu *Sack*), andererseits auch Schreibungen ohne Umlaut wie *kentern* (neben *Kante*) und *hetzen* (neben *Hatz*). Teils spiegelt sich hier die historische Varianz vor der Festlegung im Jahre 1901, teils muß man einfach akzeptieren, daß bei undeutlicher Verbindung zu einem Stamm, bei Fremdwörtern und Eigennamen, kurz an der Peripherie des Schreibsystems, die Regelhaftigkeit abnimmt. Jeder Systematisierungsversuch in der Umlautschreibung ist hier zum Scheitern verurteilt. Teils bleibt er auf halber Strecke stecken, weil niemand wagt, bei so häufigen Wörtern wie *März* oder *gräßlich* künftig *Merz und *greßlich vorzuschreiben, teils führt er zu volksetymologischen Neudeutungen wie *belämmert* (wegen des stieren Blicks eines *Lammes*) oder *einbläuen* (wegen der *blauen* Flecke, die solche Kindesmißhandlung hinterläßt). So gerät *schneuzen* durch die Neuschreibung *schnäuzen* in Verdacht, daß wir uns nicht die Nase, sondern die *Schnauze* putzen. (Tatsächlich gab es schon immer das Wort *schnäuzen* für das Formen der *Schnauze* einer Kaffeekanne in einer Porzellanmanufaktur.) Es ist wahrlich kleinkariert, daß eine Sprachgemeinschaft über solche ministeriellen Vorschriften debattieren muß.

6.3 Doppelkonsonanten

Im Kapitel über die Bezeichnung von Vokallänge und -kürze wurde die ‹graphische Geminate›, d. h. die Verdoppelung von Konsonantenbuchstaben zur Bezeichnung der vorausgehenden Vokalkürze erwähnt. Ursprünglich diente diese Verdoppelung der Liquide l und r, der Nasale m und n sowie der Verschluß- und Reibelaute p, t, k, b, d, g, s und f zur Bezeichnung tatsächlich gesprochener langer Konsonanten. Die graphische Geminierung hatte hier die gleiche Funktion wie bei den Vokalen. So standen Wörter der gleichen Wortfamilie oder eines Flexionsparadigmas mit einfachem oder doppeltem Konsonanten nebeneinander: z. B. mhd. *stam* (Nominativ) und *stammes* (Genitiv), *ran* (Präteritum) und *rinnen* (Infinitiv), *wollen/ wellen* (Verb Infinitiv), *wille* (Substantiv) und *wil* (Verb 1. Singular Präsens). Als dann die Langkonsonanten gekürzt wurden,[28] erhielten die Doppelkonsonanten eine neue Deutung: als Silbengelenk und Markierung vorausgehender Kürze. Dies wurde nun generalisiert, so daß auch bei auslautenden Konsonanten graphische Geminate eintrat, also – in den obigen Beispielen *Stamm, rann* und *will*. Damit war das gleiche erreicht wie bei nhd. *Burg* (Singular) neben *Burgen* (Plural) gegenüber mhd. *burc* und *burgen* – eine Angleichung der Schreibung im Paradigma. Konsequenterweise wurde nun aus einem mhd. *solte* ein nhd. *sollte,* aus mhd. *kante* (zu *kennen*) ein nhd. *kannte,* aus mhd. *kentlich* ein nhd. *kenntlich.* Wir wissen nicht, wie sich dies Zusammenspiel aus Neudeutung der graphischen Geminate (nach Wegfall der lautlichen Bezüge) und Orientierung am Stamm vollzogen hat. Wir kennen nur die Ergebnisse, die sich seit dem 16. Jahrhundert regelmäßig in Texten finden.[29]

Bei systematischer Durchsicht stößt man auf viele weitere Fälle von Stammschreibung, in denen lautliche Prozesse nicht abgebildet werden, z. B. die Kürzung in *vierzehn* ['fɪrtseːn] oder die Assimilation in der Kompositionsfuge bei *verreisen* [fɛˈraezən] und *enttäuschen* [ɛnˈtɔøʃən]. Auch die Erhaltung von Dehnungs-h in *stiehlt* wegen *stehlen* bzw. des silbentrennenden h in *sieht* wegen *sehen* gehört hierher.

6.4 Geschriebene Flexion

Viel wichtiger als diese kleinen graphematischen Standardisierungen sind jedoch Erscheinungen der Morphemerhaltung bei Flexionssilben im Nebenton. Sie sind unscheinbar, da sie nicht den lexikalischen Kern des Wortes betreffen, aber sie sind sehr wichtig für die schnelle Erkennung und syntaktische Zuordnung der betreffenden Wörter. So werden die Infinitivformen auf -en (zugleich 1. und 3. Plural) in der Alltagssprache stark assimiliert und unterscheiden sich erheblich, während die Schriftform (Stamm + <en>) immer konstant bleibt. Man vergleiche <haben> und [haːbn̩], [haːbm̩], [haːm], <laden> und [laːdn̩], <wollen> und [voln̩], <legen> und [leːgn̩], [leːgŋ], <kommen> und [komn̩], [kom]. In der Regel wird das nebentonige [ə] synkopiert, der Nasal silbisch, oft an den vorausgehenden Konsonanten assimiliert, z. T. total bis zur Dehnung des Konsonanten [komː] oder Kontraktion mit der Stammsilbe [haːm]. Auch der Unterschied von Dativ und Akkusativ in der Flexion geht häufig durch Assimilation verloren, z. B. bei <lieben> und <liebem>, die beide [liːbm̩] gesprochen werden können. Große Verluste treten durch Vokalisierung des auslautenden r ein, z. B. in <weiter> [vaetɐ], das sich entfernt von <weitere> [vaetrə] oder <höher> [høːɐ], das sich lautlich von <höhere> [høːərə] unterscheidet. Solche Fälle von ‹written grammar› illustrieren nicht nur die Konservativität von Schriftsystemen, sie tragen auch wesentlich zu ihrer weiteren Stabilisierung im Laufe der Sprachgeschichte bei.[30]

6.5 Gleich gesprochen – verschieden geschrieben

Eine beliebte Rechtschreibfalle sind Wörter, die gleich lauten, aber verschieden geschrieben werden, sog. Homophone mit Heterographie. Jeder kennt diese Wörter: *leeren* und *lehren*, *mehr* und *Meer*, *Moor* und *Mohr*, *malen* und *mahlen*, *Lärche* und *Lerche*, *Laib* und *Leib*, *wider* und *wieder* und nicht zuletzt *das* und *daß*, dem wir gleich ein eigenes Kapitel widmen.³¹ Eines ist ihnen allen gemeinsam: in dieser Verschiedenschreibung wird die Mehrwertigkeit in den Laut-Buchstaben-Beziehungen genutzt, um die unterschiedliche Bedeutung gleichlautender Wörter oder Wortformen durch unterschiedliche Schreibung sichtbar zu machen. Teils handelt es sich um Wörter ganz verschiedener Herkunft (*Leib* aus mhd. lîp, *Laib* aus mhd. leip), teils um jüngere semantische oder grammatische Differenzierungen wie im Falle von *das/daß* oder *wider/wieder*. Sie sollen offensichtlich dem schnellen Erkennen durch den Leser dienen und bereiten andererseits den Schreiblernern Probleme. Früher gab es noch viel mehr solcher Unterscheidungen wie z. B. (bis ins 19. Jahrhundert) *seyn* und *sein* für das Verb bzw. das Possessivpronomen. Es ist müßig, darüber zu streiten, ob solche Differenzierungen in der Schreibung erforderlich sind, gibt es doch unzählige polyseme Wörter, die nicht gesondert gekennzeichnet sind und dennoch verstanden werden. Die etwa zwei Dutzend Fälle von Verschiedenschreibung sind Teil des orthographischen Erbes, Erinnerung an die Varianz der Schreibung und Ausdruck einer Funktionalisierung dieser Varianten. Schüler muß man mit den meisten dieser eher seltenen Wörtern nicht piesacken. Es genügt, wenn sie den Gebrauch von *daß* lernen, alles übrige übt sich beim Lesen.

7. Das ß

Das ß (Eszett) ist das eigenartigste Zeichen der deutschen Orthographie. Es stammt aus gotischen Kursivschriften des Spätmittelalters und geht wohl, wie der Name sagt, auf eine Verbindung von langem s (ſ) und sogenanntem geschwänzten z (ʒ) zurück. Solche Buchstabenverbindungen erleichterten das schnelle Schreiben. Diese Praxis fand später auch Eingang in den Buchdruck. Es entstanden sogenannte Ligaturen, d. h. zwei miteinander verbundene Bleilettern. In den Frakturschriften des 16. Jahrhunderts ist das ß allgemein üblich und fand auch Eingang in europaweit verbreitete Antiquaschriften. Dort wurde es als Verbindung von langem s und rundem Schluß-s umgedeutet. Eine komplizierte Lebensgeschichte. Im 19. Jahrhundert verschwinden langes s und ß aus den Antiquaschriften, nachdem auch die Frakturschrift ungebräuchlich geworden war – außer in Deutschland, wo Fraktur und ‹deutsche› Schreibschrift bis zur Abschaffung durch Hitler allgemein üblich waren.[32] So konnte das ß zu einem Kennzeichen und Symbol deutscher Orthographie werden.

Die Verwendung des ß ist begrenzt: nie am Wortanfang, niemals groß geschrieben (es gibt überhaupt keinen Großbuchstaben dazu) und ohne einen eigenen Lautbezug. Scharfes s nennen es manche, denn es steht immer nur für stimmloses s, nie für stimmhaftes. Darin unterscheidet es sich vom einfachen s, das sich auf beide Laute beziehen kann.

Es gibt zwei Verwendungen des ß: im Inlaut nach Langvokal und Diphthong steht es für stimmloses s, um es vom stimmhaften zu unterscheiden. So können wir *Muse* und *Muße*, *reisen* und *reißen*, die sich (in der deutschen Hochlautung) lautlich unterscheiden, auch in der Schreibung erkennen. Es gibt nicht sehr viele solcher sogenannter Minimalpaare, aber natürlich viele Wörter wie *Straße, Soße, weiß, außen, groß*, deren richtige Aussprache wir auf diese Weise markieren. Die Sprachwissenschaftler sagen, wir haben in dieser Position verschiedene Phoneme, also brauchen wir auch verschiedene Zeichen. Dem trägt unser ß Rechnung.

Darüber hinaus gibt es zwei weitere Verwendungen des ß: als Schluß-ß nach kurzem Vokal und in dem Wörtchen *daß*. Schluß-ß heißt: ß am Ende eines Wortstammes, z.B. in *Faß, bißchen, faßt* (zu *fassen*). Dadurch kommt es im Flexionsparadigma und in Wortfamilien zu einem Wechsel von <ss> und <ß>: *faßt* und *gefaßt* neben *fassen* und *Fassung*, *muß, müßte, gemußt* neben *müssen*, *Biß* (Singular) neben *Bissen* (Plural), *Riß* neben *gerissen*. Andererseits gibt es beim Ablaut von /i/ und /ei/ trotz des Vokalwechsels wiederkehrendes ß, z.B. in *Riß* und *reißen*, *Biß* und *beißen.* Dies ist die bisherige Regelung, die seit dem ausgehenden 18. Jahrhundert in Millionen Büchern verbreitet ist und in der Berliner Rechtschreibkonferenz (1901) endgültig vereinbart wurde. Damals verzichtete Österreich auf die sog. Heyse'sche s-Schreibung. Sie kommt in der Neuregelung von 1996 wieder zu Ehren. Das sog. Schluß-ß wird dabei durch ss ersetzt. Drei Gründe werden dafür angeführt, zwei aus sprachwissenschaftlicher, einer aus schulischer Sicht. Dem stehen andere sprachwissenschaftliche Argumente und auch die Erfahrungen vieler Lehrer entgegen. Es ist sinnvoll, sich damit näher zu beschäftigen, denn beide Schreibweisen werden bereits praktiziert. In der Schweiz wird überhaupt kein ß geschrieben, auch künftig nicht.[33] Ansonsten schwankt die Praxis je nach Einstellung zur Rechtschreibreform.

Zweierlei muß zur Einschätzung dieses orthographischen Streitfalles noch vorausgeschickt werden: Einerseits macht die neue ss-Schreibung etwa 90 % aller Änderungen (durch die Rechtschreibreform) in laufenden Texten aus. Damit wird sie in den Augen der Kritiker zum Hauptgegner, zum ‹Geßlerhut› der Reform, vor der sich Lehrer und Schüler, Professoren und Staatsanwälte, kurz der ganze öffentliche Dienst beugen sollen. Andererseits wird diese Änderung aber von vielen Lesern gar nicht bemerkt. Dies habe ich selbst zu meiner eigenen Verwunderung erfahren müssen. Bei einem Klassiker der Sprachwissenschaft, Hermann Pauls «Prinzipien der Sprachgeschichte» (5. Aufl. 1920), den ich regelmäßig zu Rate ziehe, war mir erst jüngst aufgefallen, daß sich der Autor der Schweizer ss-Schreibung bedient. Oder war es der Niemeyer-Verlag in Halle, der dies verantwortete? Offenbar konnte der Verlag darauf rechnen, daß ihm diese Abweichung von den Standardregeln nicht schaden würde. Auch die Praxis der Schweizer wurde bislang mit der Entschuldigung toleriert, sie hätten ja das Problem mit den Schreibmaschinen für vier Landessprachen. Da passe eben nicht jedes Sonderzeichen auf die Tastatur. (Das Argument zieht allerdings nicht mehr bei PCs und Laptops, Änderungen werden aber schon jetzt abgelehnt.) Dabei verstößt der radikale Ersatz von ß durch ss gegen Grundregeln phonographischer Verschriftung, wenn <Masse> sowohl für bisheriges <Maße> /ma:se/ wie für <Masse> /mase/ steht. Diese Großzügigkeit mag sich aus der Schweizer Sprachpraxis erklären, hochdeutsch nur zu schreiben, aber Dialekt zu sprechen. Es besteht kein so enges Verhältnis zwischen Schreibung und Lautung wie nördlich des Bodensees.

Kommen wir vom Usus zu den Argumenten. Wie ist die traditionelle, 1901 auch offiziell verbindlich gemachte Regelung zu bewerten? Ich nenne zuerst die (angeblichen) Nachteile, dann die Vorzüge. Es ist offensichtlich, daß das Schluß-ß dem Prinzip der Stammschreibung widerspricht. Es führt zu einem regelmäßigen Wechsel von <ss> und <ß> in vielen Paradigmen der Flexion sowie zwischen Grundwort und Wortbildungen: *Kuß – küßt – Küsse, verlassen – Verlaß – verläßlich, kraß – krasser – am krassesten.* Das bereitet zunächst einige Lernschwierigkeiten, wird aber von den meisten Schülern dank simpler Merkverse wie «ss am Schluß macht Verdruß» bald beherrscht. ß in der Verbflexion (*küßt, geküßt* im Kontrast zu *Last, Rast)* erfordert ein tieferes Verständnis für den Aufbau der Wortform aus Stamm und Endung. Das weist aber bereits auf die Leistung solcher Schreibung hin, auf die Markierung des Stammes oder (anders gesagt) auf die graphische Trennung von Stamm und Endung. Im Falle von *hast* und *haßt* dient sie zugleich der Unterscheidung gleichlautender Wörter.

Gewichtiger ist ein genereller Einwand. Wir finden ihn mit der Frage: wozu dient das Schluß-ß? Ähnlich wie bei *faßt* und *mußt*, aber viel häufiger, übernimmt es eine zusätzliche Information, die über den Lautbezug hinausgeht. Es sagt uns: hier endet z.B. das Wort *Schluß* oder *Verlaß* oder *kraß*. Was ist damit gewonnen? Die Markierung von Wortgrenzen, d.h. Wortanfang oder Wortende, sind eine sehr wichtige Information für den Leser. So erkennt er die Wörter. Schon in den Anfängen der Alphabetschrift gab es Wortzwischenräume (sog. Spatien) oder Satzzeichen, die die Wortgrenze kennzeichneten, z.B. ein Punkt in der Zeilenmitte. Die Großschreibung am Satzanfang zählt auch zu solchen Markierungen und natürlich auch die der Substantive. (Wie schwer lesbar Schriften ohne Spatien sind, merkt man bei manchen Inschriften, die aus Platznot darauf verzichten.) Grenzsignale sind also ein wichtiges Merkmal leserorientierter Schriftsysteme. Meist wird der Wortbeginn markiert, die Kennzeichnung des Stamm- oder Wortendes erfolgt seltener. Das ß ist dazu das einzige Mittel. Dazu dient es seit seiner Entstehung.

Eine besonders wichtige Funktion hat das ß in Zusammensetzungen wie *Ausschußsitzung, Mißstand, Eßsaal, Schlußsatz* usw., die nach neuen Regeln *Ausschusssitzung, Missstand, Esssaal, Schlusssatz* geschrieben werden müssen. ß zeigt in diesen Wörtern die Kompositionsfuge an und erleichtert das Erkennen der einzelnen Teile des zusammengesetzten Wortes. Drei Konsonantenzeichen hintereinander – das ist die Konsequenz einer gläubig angewandten Stammschreibung, die jeden pragmatischen Ausweg um des Prinzipes willen verwirft. Wie viele neue Fehler werden hier wohl von Schülern produziert?

Ist die neue ss-Schreibung, die auf ersten Blick so systematisch einfach schien, am Ende schwerer zu erlernen als die alte? Das ist das überraschende Ergebnis jüngster Untersuchungen und Erfahrungen an Schulen. Glaubte man anfangs, diese sss-Probleme seien die kleinen Kollateralschäden der Reform, so stellt sich jetzt die Frage: wie kommt es eigentlich, daß sich im Deutschen diese Markierung des Wort- und Stammendes durch ß durchgesetzt und Jahrhunderte lang erhalten hat? Nach repräsentativen Auszählungen macht das Schluß-ß 29 % aller ß in Texten aus. Die Hauptmasse fällt auf das Wörtchen *daß*, wohingegen die phonologisch begründete Differenzierung nach Langvokal und Diphthong gar nicht so häufig auftritt. Darum können die Schweizer auch damit leben. Das alles verschiebt die Gewichte und legt den Schluß nahe: die bisherige Schreibung war die bessere, lange erprobt, leserfreundlich und gar nicht so schwer erlernbar.

Diese Einsicht gewinnt zunehmend engagierte Befürworter. Gleichwohl wird gerade die ss-Schreibung immer wieder als mögliche Kompromißstelle, als das am ehesten tolerable Zugeständnis an die Reformpartei genannt. Ich nenne hierzu einige Gründe und schließe dies Kapitel mit einer pragmatischen Empfehlung. In einer

Reihung aller Mängel der Reform, von den schlimmsten bis zu den (vergleichsweise) geringfügigen, habe ich jüngst die ss-Schreibung an das untere Ende gestellt,[34] weil sie weder gegen Regeln der Grammatik verstößt noch in die Semantik unseres Wortschatzes eingreift, wie vor allem die neuen Regeln der Getrennt- und Zusammenschreibung und der Groß- und Kleinschreibung. Das ist zwar nur ein kleiner Trost, wie ihn z. B. ein von Dieben Heimgesuchter erhalten mag: er habe zwar sein Geld einbüßt, an Leib und Seele aber keinen Schaden genommen. Diese Einschätzung bezieht die lange Erfahrung mit beiden Schreibregeln, auch im Nebeneinander seit 1996, ein. Der relativ geringen Bedeutung für Leib und Seele der Rechtschreibung steht andererseits ihr außerordentlich hoher Anteil an der Gesamtzahl von Schreibänderungen (90%) gegenüber. Ferner der Umstand, daß nur die ss-Schreibung größere Bedeutung für den Rechtschreibunterricht an den Schulen hat und entsprechend bereits in den Schulbüchern verankert ist. Will man den Kultusministern einen Ausweg aus dem selbstverschuldeten Dilemma bieten und alles Wichtige der bewährten Rechtschreibung retten, gleichzeitig den Konflikt entschärfen, dann wäre hier ein Kompromiß möglich, der vielleicht von einer geduldigen Mehrheit akzeptiert würde. Allerdings muß dies mit dem Angebot der Toleranz verbunden sein. Jede Zeitung, jeder Verlag, jede Behörde sollte weiterhin die eigene Wahl haben zwischen bisheriger ß- und neuer ss-Schreibung. Man wird dann sehen, was sich durchsetzt oder ob solche Varianz sogar erwünscht ist.

8. Das Kummerwörtchen *daß*

In der Schule gilt es als das Kummerwort der deutschen Sprache. Gleich gesprochen wie das Pronomen *das*, aber verschieden geschrieben. Das muß lange geübt werden. Deshalb verlangen Rechtschreibreformer seit langem, diese Hürde zu beseitigen. Auch die ersten Vorlagen zur jüngsten Reform enthielten diesen Punkt.[35] Die Anhörung zur Rechtschreibreform durch die Kultusministerkonferenz führte jedoch zu einer Ablehnung dieses Vorschlags. Dazu heißt es in einem Protokoll vom 4.2.1993: «Die Aufhebung der deutlichen Unterscheidung im Schriftbild zwischen Konjunktion [daß] und Pronomen bzw. Relativpronomen [das] erschwert die Möglichkeit, durch bewußtes ‹optisches Markieren› die unterschiedliche Funktion dieser ‹Partikel› im Satzbauplan zu verdeutlichen und die Fähigkeit zur Bildung komplexer Satzbaupläne und zur entsprechenden Einsicht in dieselben zu üben, zu erweitern und zu festigen.» Hier spricht ein Ministerialbeamter, der sich auf das Urteil von Lehrern und Didaktikern beruft.

Wo stecken die Schwierigkeiten für die Schüler? Warum weigern sich gerade Lehrer, sie zu beseitigen? Es geht hier um Grammatik in der Rechtschreibung. Unsere Orthographie leistet sich hier den Luxus, einen grammatischen Unterschied, der in der Lautung nicht zum Ausdruck kommt, durch Verschiedenschreibung zu kennzeichnen. Hier die Konjunktion *daß*, dort der sächliche Artikel, das Relativpronomen und das Demonstrativpronomen *das*. Warum bestehen gerade Lehrer auf der Beibehaltung von *daß*? Sie sagen, es schult das Verständnis für Grammatik, für das Erkennen von Satzbauplänen. Orthographieunterricht wird also zum Helfer im Sprachunterricht. Oder muß man sagen: er wird durch diese Inanspruchnahme belastet? Ich denke nicht. Denn es geht hier auch darum zu zeigen, daß die deutsche Rechtschreibung nicht allein die Lautung, sondern viele weitere Erscheinungen unserer Sprache abbildet.

Es lohnt sich deshalb, diesen Fall etwas eingehender zu betrachten. Die Wörtchen *das* und *daß* gehören zu den häufigsten im Deutschen. Nach der umfangreichsten Sprachstatistik des Deutschen[36] nimmt *das* den Rangplatz 7 und *daß* den Rangplatz 16 ein. Nach eigenen Auszählungen kommen sie heute in Texten etwa gleich häufig vor. Die semantisch-syntaktischen Unterschiede sind deutlich: Der Artikel (*das große Haus*), das Demonstrativpronomen (*Welches Kleid gefällt dir am besten? Das hier.*) und das Relativpronomen (*ein Haus, das ich kaufen möchte*) haben verschiedenes gemeinsam: ihre Form hängt (in Genus und Numerus) von einem Bezugssubstantiv ab, darauf weist es hin (pro nomen), es hat dabei eine voraus- oder rückverweisende (kataphorische oder anaphorische) Funktion. Daß es kurz gesprochen, aber nur mit einem einfachen s geschrieben wird, entspricht vielen anderen einsilbigen Funktionswörtern (s. Kapitel 6.3) und bereitet keine Probleme. Demgegenüber hat die Konjunktion *daß* keinerlei Bezüge zu einzelnen Satzgliedern, sie leitet immer einen Nebensatz ein. *Daß* eröffnet (meist nach Komma) einen prosodischen Spannungsbogen, der mit dem finiten Verb abgeschlossen wird (*er sagte, daß er jetzt nach Hause geht*). Daß-Sätze sind in der Regel Inhaltssätze mit rein syntaktischer Funktion (Objekt- oder Subjetsätze). Die richtige Schreibung von *daß* setzt in der Tat ein syntaktisches Grundverständnis voraus. Gerade mit Hilfe der besonderen Schreibung läßt sich solches Wissen vermitteln. Doch ist dies natürlich nicht der Grund für die Unterscheidung von *das* und *daß*. Der Grund liegt vielmehr darin, diese Doppelfunktion bei einem sehr häufigen Wort durch eine graphische Unterscheidung sichtbar zu machen und damit das lesende Erkennen wesentlich zu erleichtern. Dazu trägt gewiß auch die sehr unterschiedliche Gestalt von s und ß bei. Diese Unterscheidungsschreibung ähnelt der in Kapitel 6.5 erläuterten lexikalisch-semantischen Differenzierung in *Laib* und *Leib*, *leeren* und *lehren* usw. Nur geht es hier um eine wichtige, eine grammatische Unterscheidung. Sie ist innerhalb des Sprachsystems von ungleich größerer Bedeutung als die einzelner (lexikalischer) Wortbedeutungen.

Damit gehört dieser Punkt unserer Rechtschreibung in den weiteren Zusammenhang der Markierung grammatischer und syntaktischer Phänomene wie Stammschreibung und Zeichensetzung, die seit dem 16. Jahrhundert entwickelt wurden. Das bestätigt auch eine sprachgeschichtliche Rückschau. Ursprünglich gab es nur ein Pronomen /das/. Die Herausbildung einer Konjunktion *daß* aus dem Pronomen *das* ist ein komplizierter sprachhistorischer Vorgang, der bereits am Anfang deutscher Schriftlichkeit, im Althochdeutschen, einsetzt. Darum ist es gar nicht verwunderlich, daß auch die Unterscheidungsschreibung bereits früh bezeugt ist. Ich habe einen Text aus dem Jahre 1341 gefunden, abgedruckt in der Sammlung von Weistümern von Jacob Grimm, in dem mit großer Regelmäßigkeit die Konjunktion mit *ß*, die Artikel und Pronomina mit *s* geschrieben werden.[37] Dabei handelt es sich um eine typische Funktionalisierung von Schreibvarianten. Ursprünglich gab es zwei verschiedene s-Laute (altes s und jüngeres s aus Lautverschiebung), die lange Zeit auch verschieden geschrieben wurden, bis sie lautlich gegen Ende des 13. Jahrhunderts zusammenfielen. Damit war der Weg frei für eine neue Nutzung der verschiedenen Zeichen.

Es ist sicher kein Zufall, daß gerade in Rechtstexten dieses Mittel der Differenzierung zuerst begegnet. Sie sind besonders auf sprachliche Präzision angewiesen. Bei den professionellen Kanzleien des Mittelalters liegen die Anfänge einer Schriftnormierung. Es ist leider wenig bekannt, welche bedeutende Rolle die Rechtskodifizierung auch später für die Sprachnormierung gespielt hat. Am bekanntesten ist vielleicht die Einführung des Bürgerlichen Gesetzbuches (BGB) im Jahre 1900.[38] Ihre Sensibilität in Sprachfragen hat deshalb viele Juristen zum Protest gegen die Rechtschreibreform veranlaßt. Differenzierung in der Sprache ist für sie bedeutsam für die Differenzierung in der (Rechts-)Sache.

Gute Gründe haben also dazu geführt, daß die Unterscheidungsschreibung selbst in der sog. Neuregelung der Rechtschreibung beibehalten wurde. Warum dann aber eine Schreibänderung von *daß* zu *dass*? Offenbar sollte dem Schluß-*ß* unbedingt der Garaus gemacht werden. Dabei gab es gute Gründe, am *daß* nicht zu rühren. Doppelkonsonanten sind nämlich in unserer Rechtschreibung (vgl. Kapitel 5.4) vor allem flektierbaren Wörtern vorbehalten, wo sie ein Gelenk zwischen zwei Silben bilden (*Män-ner, has-sen, Wil-le*). Unflektierbare Einsilber wie *ab, am, an, bis, das, in, man, mit, ob, um, was* schreibt man zu Recht nur mit einfachem Konsonanten. Das gilt übrigens auch für eine Reihe von Lehnwörtern aus dem Englischen wie *Chip, Gag, Jet, Kap, Klub, Slip, Twen*, die einen s-Plural bilden (*Gags, Jets, Klubs* usw.), also niemals zweisilbig werden. Hier ist richtigerweise kein Versuch gemacht worden, Schreibungen wie **Gagg, *Jett, *Slipp* einführen zu wollen.[39]

Will man also weiterhin Pronomen und Konjunktion in der Schreibung unterscheiden, dann ist dafür das Sonderzeichen *ß* am besten geeignet. Es hebt auch durch seine graphische Oberlänge die Konjunktion *daß* gegenüber dem Pronomen *das* ab. Die Weisheit historischer Entwicklung ist auch hier den falschen Vereinfachungen in einer Reform vorzuziehen.

9. Groß oder klein?

9.1 Eine Charakteristik im Überblick

Die Großschreibung der Substantive und Substantivierungen ist die hervorstechendste Eigentümlichkeit unserer Rechtschreibung. Wir finden sie bereits in der Lutherbibel aus dem Jahr 1543 vorgebildet und in der gesamten klassischen deutschen Literatur angewandt. Reformer wollen diese deutsche Eigentümlichkeit seit langem loswerden. Der prominenteste unter ihnen war Jacob Grimm, der in seinem Deutschen Wörterbuch eine radikale Kleinschreibung praktizierte, die bis heute die Benutzung dieses großen Werkes erschwert.[40] Meist wird heute argumentiert, die Substantiv-Großschreibung sei schwer erlernbar, stellenweise auch willkürlich. Demgegenüber bezeugen viele Ausländer, die hervorgehobenen Substantive machten das Lesen deutscher Texte leichter. Empirische Nachweise sind für beide Positionen schwer zu erbringen. Bisherige Tests bestätigten meist das, was die betreffenden Wissenschaftler beweisen wollten. Jedem zweifelhaften Reformversuch steht die Macht der Tradition gegenüber.

Der Kern der Regel ist einfach: Wir schreiben nicht nur Substantive groß, sondern auch Wörter anderer Wortarten, die wie Substantive gebraucht werden, zum Beispiel Präpositionen in *das Für und Wider,* Pronomina in *das traurige Ich,* Verben in *das Soll und Haben* und schließlich Adjektive und Partizipien wie *das Blau des Himmels, die Ausgestoßenen.*

Es geht dabei um den Wortartgebrauch im Text. Das ist der Clou dieser Regel. So können wir als Leser sofort erkennen, was die Gegenstände der Rede, die Hauptwörter, sind. Manchmal führen solche Substantivierungen dazu, daß der betreffende Gebrauch fest wird, lexikalisiert. So sind unzählige neue Wörter entstanden wie *die Studierenden, die Angestellten, die Auszubildenden, Lesen, Schreiben* oder *Wandern.*

Eine folgerichtige Anwendung ist auch die Großschreibung fester substantivischer Ausdrücke wie *Erste Hilfe, Schneller Brüter, Kleine Anfrage* (im Parlament). Das war nie als Vorschrift formuliert, wurde aber in der Praxis gern und häufig benutzt.

Auch die Kleinschreibung von Verben, Adjektiven und Pronomina ist einfach. Probleme bereitet nur ein charakteristischer Zug der Sprachentwicklung: das Verblassen von Substantiven zu Präpositionen (*kraft*), Adverbien (*abends*), Adjektiven (er ist *schuld*) sowie in scheinbaren Substantivierungen von Adverbien (*im übrigen, des öfteren*) und Pronomen (*folgendes, der meinige*). Solche Entwicklungen in der Schreibung nachzuvollziehen – das ist die Stärke unserer Rechtschreibung. Sie sollte auch weiterhin sinnvoll genutzt und nicht wegreformiert werden.

Ich habe diese Kurzfassung vorangestellt,[41] weil der Zusammenhang von Groß- und Kleinschreibung und die Flexibilität der Regeln gegenüber dem Sprachwandel in einer längeren Charakteristik leicht verloren geht. So ist es auch der Duden-Redaktion ergangen, als sie die Regeln von 1901, denen sie bis 1996 verpflichtet war, in eine neue Darstellungsform brachte. Viele Leser haben nicht mehr verstanden, wie diese Regeln funktionieren und wozu sie dienen. Sie zu erklären, ist deshalb der beste Weg, um sie vor einer falschen Reform zu bewahren.

Im folgenden gehe ich kurz auf die Entstehung und dann auf die wichtigsten Regeln der Groß- und Kleinschreibung ein.

9.2 Wie ist die Groß- und Kleinschreibung entstanden?

Die Verwendung von Groß- und Kleinbuchstaben (sog. Majuskeln bzw. Minuskeln) in jedem Text ist keineswegs so selbstverständlich, wie es uns heute erscheint, wo alle Schriftsysteme auf der Basis lateinischer Buchstaben davon Gebrauch machen. Diese beiden Typen von Buchstabenreihen haben ihren je eigenen Ursprung in unterschiedlichen Verwendungsweisen der Schrift. Ein Prototyp der Majuskelschrift ist die römische Kapital- oder Monumentalschrift (*Capitalis*), die vor allem für Inschriften auf Stein, Ton oder Metall verwendet wurde und auch heute noch manches öffentliche Gebäude und manchen Grabstein ziert. Kleinbuchstaben haben dagegen ihren Ursprung in einer Gebrauchsschrift, die bei den Römern mit einem Griffel auf Wachstäfelchen geschrieben wurde, z. B. um Reden oder Zeugenaussagen aufzuzeichnen. Solche ‹laufenden

Schriften› (*Kursive*) sind die ältesten Vorläufer unserer Kleinbuchstaben, die sich (im Gegensatz zur *Capitalis*) mit Ober- und Unterlängen über vier Zeilen erstrecken.

Eine bedeutende Rolle in der europäischen Schriftgeschichte spielte die sog. karolingische Minuskel, die im Rückgriff auf klassische Vorbilder am Hof Karls des Großen entwickelt und weit verbreitet wurde. Sie galt den Humanisten des 15./16. Jahrhunderts (irrtümlicherweise) als die klassische Schrift schlechthin. Sie nannten sie deshalb ‹Antiqua› und verknüpften sie mit den Großbuchstaben der tatsächlich klassischen *Capitalis* zu einem vollständigen Doppelsatz von Buchstaben. Unsere Regeln der Groß- und Kleinschreibung sind nichts anderes als eine Funktionalisierung dieser beiden Buchstabenvarianten. Auch früher hatte es schon große Buchstaben gegeben, oft ausgeschmückt, in Überschriften, Absätzen und Versanfängen. An diese Tradition knüpft nun, im Zeitalter einer umwälzenden Medienrevolution, der neue Buchdruck an. Dabei werden, in Fortsetzung einer ursprünglich schmückenden Funktion, Großbuchstaben in der Regel am Beginn eines Wortes eingesetzt. Dies ist der Ursprung unserer Initialgroßschreibung. Die Funktionalisierung solcher Großschreibung auch im Textinneren schreitet im 16. Jahrhundert zügig voran. Es sind besonders Eigennamen und aus Eigennamen abgeleitete Adjektive, sog. *nomina sacra*, Personenbezeichnungen und Fremdwörter, die eine solche Hervorhebung erfahren.[42] Bereits die Wittenberger Bibel von 1543 zeigt einen Majuskelgebrauch, der unserer Substantivgroßschreibung recht nahe kommt. Damit wird zugleich erkennbar, welche Rolle das meist verbreitete Buch deutscher Sprache für die Entwicklung unserer Orthographie gespielt hat.

Am Rande sei noch ein Aspekt deutscher Schriftgeschichte erwähnt, der vielleicht mit dazu beigetragen hat, daß sich die Substantivgroßschreibung gerade im Deutschen entwickeln und bis heute erhalten konnte: die sog. Zweischriftigkeit von Fraktur und Antiqua (mit ihren Pendants in den Handschriften). Im Mittelalter war die Schriftentwicklung keineswegs stehen geblieben, vielmehr entstanden seit dem 12. Jahrhundert – parallel zur Entwicklung der bildenden Künste, besonders der Architektur – sog. ‹gebrochene› gotische Schriften, die dann im Buchdruck als Fraktur dauerhafte Geltung erlangten. Die Humanisten setzten dieser Tradition den

Gebrauch der Antiqua für alle lateinischen Druckwerke entgegen, was im Laufe der Neuzeit zum Untergang der Frakturschriften auch in den Volkssprachen führte – außer in Deutschland. Hier entfaltete sich seit dem 18. Jahrhundert eine ideologische Auseinandersetzung um die ‹deutsche Schrift›, die erst mit ihrem Verbot durch Hitler im Jahre 1942 beendet wurde. Es besteht eine auffällige Parallelität zwischen der Bewahrung der Fraktur wie der Substantivgroßschreibung – beides besonders auffällige Eigenheiten deutscher Schrift- und Orthographiegeschichte.[43]

9.3. Grundregeln der Substantivgroßschreibung

Die Grundregel der deutschen Substantivgroßschreibung läßt sich so formulieren:

Groß geschrieben (d.h. mit großen Anfangsbuchstaben) werden alle Substantive sowie Wörter und Wortgruppen, die wie Substantive gebraucht werden.

Zur Anwendung dieser Regel muß man zweierlei wissen: (1) Was sind Substantive? und (2) was sind Wörter und Wortgruppen, die wie Substantive gebraucht werden?

Unter dem zweiten Punkt verbergen sich die Substantivierungen sowie stehende Wendungen mit einem Substantiv als Kern (Typ *Erste Hilfe*). Ihre Beschreibung ergibt sich aus dem ersten Punkt. Darum beginnen wir damit.

9.3.1 Was zeichnet Substantive aus? Was unterscheidet sie von anderen Wortarten wie Verb, Adjektiv, Pronomen? Die einfachste Antwort lautet: es sind drei grammatische Kategorien, die wir alle kennen: das grammatische Geschlecht (maskulines, feminines, neutrales Genus), die Einteilung in Einzahl und Mehrzahl (Numerus) und die Fallbestimmtheit (Kasus). Alle drei Kategorien werden im Deutschen morphologisch realisiert, sie sind die Merkmale der Substantivflexion. Dabei stellt das Genus die genuinste Kategorie dar. Jedes Substantiv hat ein festes Genus. Das gibt es nur bei Substantiven, während Kasus und Numerus auch bei anderen Wortarten vorkommen. Eine Folge dieser Alleinstellung sehen wir bei

Substantivierungen und Entlehnungen. Sie müssen ein Genus annehmen wie z. B. *der Angestellte, die Studierende, das Grün, das Für und Wider, das Versagen* oder *der Gag, die Uno, das Puzzle*. Es ist kein Zufall, daß hier stets ein Artikel auftritt. Er hat eine doppelte Funktion. Einerseits unterstützt er – gleichsam extern – die Charakterisierung der drei grammatischen Kategorien, z. B. des Numerus in *der Wagen* (Singular) – *die Wagen* (Plural), des Kasus in *die Frauen* (Nominativ, Akkusativ) und *den Frauen* (Dativ). Das Genus eines Wortes ist, wie viele Deutschlerner leidvoll bestätigen können, meist gar nicht am Wort selbst, sondern nur an einem Artikel erkennbar.

Die zweite Funktion des Artikels reicht über das Wort selbst hinaus in den Text. Substantive haben stets einen bestimmten oder unbestimmten Artikel oder andere sog. Artikelwörter als Begleiter wie z. B. in *ein Haus, das Haus, dieses Haus, jenes Haus, mein Haus* usw. Die Ausdrücke ‹bestimmter› und ‹unbestimmter› Artikel deuten diese zweite Funktion nur an. Bei der Bestimmtheit (Definitheit) bzw. Unbestimmtheit (Indefinitheit) geht es um die Einstufung eines Ausdrucks als ‹bekannt›, ‹im Text vorerwähnt› bzw. ‹nicht bekannt›, ‹nicht vorerwähnt›.[44] Da Artikelwörter notwendige Begleiter auch von Substantivierungen sind, gelten sie oft als Indikatoren der Großschreibung und werden in der Rechtschreibdidaktik entsprechend eingesetzt. Dies ist in solcher Verallgemeinerung falsch. Denn Artikel begegnen auch bei Zahlwörtern *(die zwei, die beiden, der zweite)*, pronominal gebrauchten Adjektiven *(der einzelne, ein jeder, das meiste)* und Adverbien *(des öfteren, im übrigen, des näheren)*. Das kann zu einer Rechtschreibfalle werden, wenn der Artikel in erster Linie als Substantivierungskriterium gedeutet wird. Es führt schließlich auch zu einem ungenügenden Verständnis der Großschreibung.

9.3.2 Ein weiteres Merkmal von Substantiven (und entsprechend von Substantivierungen) ist die Fähigkeit, Attribute zu binden: adjektivische, vorangestellte Attribute in entsprechend flektierter Form *(das große Haus, des großen Hauses)*, aber z. B. auch nachgestellte Genitivattribute oder Attributsätze *(das Haus meines Vaters; das Haus, das ich geerbt habe)*. Wir sehen an diesen Erläuterungen: in der Substantivgroßschreibung werden grammatische Erscheinungen markiert. Sie helfen dem Leser eines Textes, dessen grammatische Struktur zu erkennen und zugleich (mit der Markierung von Definitheit bzw. Indefinitheit) die Rolle von Substantiven im Text schneller wahrzunehmen.

Schließlich werden Substantive auch hinsichtlich ihrer semantischen Eigenschaften charakterisiert und nach der Art ihrer Bezeichnungsfunktion eingeteilt in Eigennamen (*nomina propria*) und Appellativa (*nomina appellativa*), diese wieder in Konkreta, Kollektiva und Abstrakta. Die Großschreibung der Eigennamen läßt sich also als Teil der Großschreibung aller Substantive beschreiben. Unter historischem Aspekt sieht es so aus, daß die Substantivgroßschreibung bei den Eigennamen angefangen hat und dann auf alle übrigen Arten von Substantiven ausgedehnt wurde.

9.3.3 Die zweite oben genannte Gruppe von Großschreibungen besteht einerseits aus den Substantivierungen, andererseits aus mehrteiligen substantivischen Ausdrücken, von denen einige Eigennamen sind wie *Stiller Ozean, Germanisches Nationalmuseum, Hohe Tatra* oder der Straßenname *Lange Zeile*, andere dagegen nur den Eigennamen nahestehen wie *Westfälischer Friede, Weißes Haus, Zweiter Weltkrieg*, während die allermeisten einfach nur substantivische Ausdrücke sind wie *Erste Hilfe, Inoffizieller Mitarbeiter, Eiserner Vorhang*. Sie alle sehen aus wie normale Substantivgruppen, die aus einem Substantiv als Kern und einem vorangestellten adjektivischen Attribut bestehen. Sie haben aber daneben eine Besonderheit: sie bezeichnen als Eigennamen ein singuläres Phänomen oder haben als appellative Bezeichnung eine spezifische festgeprägte Form und Bedeutung. Auf diese Gruppe sog. Nominationsstereotype komme ich in Kapitel 9.6 ausführlicher zu sprechen.

Zunächst ist auf die Substantivierungen einzugehen. Sie stellen ein Verfahren dar, Wörter anderer Wortarten, also Verben, Adjektive, Adverbien, Pronomina und Partikel wie Substantive zu gebrauchen. Wie das funktioniert, wird aus einer Gegenüberstellung deutlich:

(1) Wenn die Sonne aufgeht, beginnt der Tag. – Beim Aufgehen der Sonne beginnt der Tag.
(2) Der Himmel ist blau. – Das Blau des Himmels verschwindet langsam.

(3) Gehen wir zurück? Nein, es gibt kein Zurück mehr.

Die drei Beispiele zeigen, wozu Substantivierungen häufig dienen: zur Wiederaufnahme einzelner Elemente eines vorhergehenden Satzes, *das Aufgehen, das Blau, kein Zurück*. Sie werden dabei zum Thema, hier zum Subjekt eines neuen Satzes. Die zuvor als Verbform, Adjektiv oder Präposition verwendeten Wörter nehmen nun die Rolle eines Substantivs an: sie haben ein festes Genus (in diesem Fall alle Neutrum), haben ein Artikelwort als Begleiter (*beim = bei dem, das, kein*), sind fallbestimmt (*Aufgehen* im Dativ, *Blau* und *Zurück* im Nominativ) und führen ein Attribut bei sich (*der Sonne, des Himmels*). Diese Genitivattribute in (1) und (2) sind die umgeformten Subjekte der Vorgängersätze (*die Sonne, der Himmel*). Auch daran sieht man, daß es sich hier um ein Verfahren der Textgestaltung handelt, bei dem Rollen vertauscht werden. Wir sehen weiter an diesen Beispielen, daß die Substantivierungen in einer Grundform auftreten. Diese sind nun aufnahmefähig für Flexionsmerkmale des Substantivs (z. B. in *das Wunder des Aufgehens*).

Schwer zu bestimmen ist der semantische Aspekt der Substantivierung. Was geschieht, wenn eine verbale Handlung wie *aufgeht* zum Subjekt *Aufgehen* eines neuen Satzes wird? Was geschieht, wenn der Verbzusatz *zurück* (aus *zurückgehen*) zum Subjekt *Zurück* wird? Verändert sich dabei die Bedeutung? Das kann eigentlich nicht sein. Die Wiederaufnahme hätte keinen Sinn. Tatsächlich lebt ja der Aspekt der Handlung aus der Verbform *aufgeht* in der Substantivierung *Aufgehen* (als Verbalabstraktum) fort und ähnlich die Eigenschaft *blau* in der Form *das Blau*. Tätigkeiten und Eigenschaften, die (in den beiden ersten Beispielsätzen) einem Subjekt zugeschrieben wurden, erscheinen jetzt als vergegenständlicht, sie sind nun Gegenstand einer weiteren Aussage.[45] Wie immer man die semantischen Folgen der Substantivierung im einzelnen beschreibt, ein entscheidender Punkt ist, daß fast alle Wörter nicht-substantivischer Wortarten in einem geeigneten Zusammenhang substantiviert gebraucht werden können. Es ist die bedeutende Leistung der Substantivgroßschreibung, dieses veränderte grammatische Verhalten zu markieren. Die Großschreibung unterstützt damit die eben beschriebenen morphologischen und syntaktischen Eigenschaften und macht sie für den Leser leichter erkennbar. Dies ist bei Substantivierungen um so wichtiger, da die betreffenden Wörter ja ansonsten als Verben, Adjektive, Partikel auftreten. Die Großschreibung macht ihren Gebrauch in der Rolle eines Substantivs sichtbar.

9.3.4 Von dem regelhaften Verfahren der Substantivierung muß man die Fälle unterscheiden, in denen sich solcher Gebrauch verfestigt hat, z.B. in den Wörtern *das Lesen, das Schreiben, das Wandern, der/die Angestellte, die Auszubildenden, die Studierenden, der Halt, das Grün* (beim Golf). Häufiger Gebrauch führt hier zur festen Verankerung im Wortschatz (Lexikalisierung). Diesen Sachverhalt nennt man in der Wortbildung ‹Konversion›. Dies ist eine Sammelbezeichnung für alle Formen des Wortartwechsels, z.B. auch für die Präposition *dank* aus dem Substantiv *Dank*, das Verb *ölen* aus dem Substantiv *Öl*, das Substantiv *Fall* aus dem Verb *fallen*.[46] Konversion dient der Wortschatzerweiterung, Substantivierung dagegen der Textgestaltung.[47]

9.4 Grundregeln der Kleinschreibung

Muß man die Kleinschreibung überhaupt behandeln und erklären, wenn alle Fälle von Großschreibung bereits genannt sind? Ist nicht die Kleinschreibung der Normalfall, von dem es lediglich bestimmte Ausnahmen gibt, die in Kapitel 9.3 beschrieben wurden? Dies ist im Prinzip richtig und betrifft die Hauptmasse aller Wörter, die Verben, Adjektive, Adverbien, Pronomina und Partikel, wenn sie nicht am Satzanfang stehen. Darauf braucht man in der Tat nicht näher einzugehen.

Nur zu den Pronomina wäre eine Erläuterung nützlich, da sie als Stellvertreter für Substantive *(pro nomina)* deren Rolle im Satz einnehmen können, aber trotzdem nicht groß geschrieben werden. Und dabei stoßen wir auf die Frage, welche Wörter eigentlich zu den Pronomina gehören. Die Grammatiken machen dazu unterschiedliche Angaben, weil auch der Bestand an Pronomina in unserer Sprache vermehrt wird. Allerdings geschieht dies nicht durch Wortbildung wie bei Substantiven und Adjektiven, sondern durch Bedeutungs- bzw. Funktionswandel schon vorhandener Wörter. Das gleiche gilt für viele Partikel, für Konjunktionen, Präpositionen und Adverbien. Wir haben es hier mit Sprachwandel zwischen den

Wortarten zu tun. Dies werden wir unter zwei Oberbegriffen erläutern, die in der neueren Sprachwissenschaft viel zur Erklärung und zum Verständnis des Sprachwandels beigetragen haben, den Fachbegriffen ‹Grammatikalisierung› und ‹Phraseologisierung›.

9.4.1 ‹Grammatikalisierung› heißt soviel wie ‹Entstehung neuer grammatischer Wörter›, d. h. von Wörtern, die grammatische Funktionen erfüllen.[48] Dazu gehören z. B. die Verben *sein, werden* und *haben*, die Modalverben *dürfen, können, sollen,* die Pronomina *dieser, jener, mein* oder Präpositionen und Konjunktionen. Sie dienen der Bildung von Zeitstufen des Verbs (er *hat* gesungen, sie *ist* gekommen, wir *werden* schlafen), kennzeichnen die Modalität einer verbalen Handlung (er *darf/kann/soll* kommen), sie haben eine textverweisende Aufgabe, verknüpfen Sätze oder Satzglieder usw. Alle diese Wörter haben außerdem zweierlei gemeinsam: sie sind nicht zahlreich, werden aber sehr häufig gebraucht. Es gibt nur drei Hilfsverben, sechs echte Modalverben, sechs Demonstrativpronomina, gut 20 Präpositionen und etwa 40 Konjunktionen. Verglichen mit dem übrigen Wortschatz bilden sie jeweils geschlossene Paradigmen. Deren Erweiterung erfolgt aus dem großen Reservoir des übrigen Wortschatzes, z. B. die Präposition *dank* (*dank guter Beziehungen*) aus dem Substantiv *Dank*, die Konjunktion *falls* aus dem Genitiv von *Fall.* In diesen Fällen wird das großgeschriebene Substantiv zu einer kleingeschriebenen Partikel. Die beiden Beispiele zeigen einen weiteren charakteristischer Zug von Grammatikalisierungen: die betreffenden Wörter kommen oft nebeneinander sowohl in alter, lexikalischer Bedeutung wie in neuer, grammatischer Funktion vor. Das findet man auch bei den Hilfsverben *sein, haben, werden*, die auch als Kopulaverb (*er ist freundlich, er wird Kanzler*) bzw. als Vollverb (*sie hat Geld*) verwendet werden. Der Sprachwandel vollzieht sich hier nicht so, daß eine Form oder eine Bedeutung durch eine andere ersetzt wird. Vielmehr entsteht eine neue Verwendung, und die alte bleibt davon unberührt.

Damit sind wir auf einem kleinen Umweg bei jenen neuen grammatischen Wörtern angekommen, die die Paradigmen der Demonstrativ-, Possessiv- und Indefinitpronomina sowie der Zahlwörter ergänzen. Man kann dafür zusätzlich einen Begriff der historischen Sprachwissenschaft verwenden, die ‹Suppletion›. Man benutzt ihn, um z. B. das ‹Auffüllen› des Paradigmas des Verbums *sein* durch verschiedene Stämme *(bin, ist, sind, war)* zu kennzeichnen. Die Quelle solcher Ergänzung im Bereich der Pronomina sind Adjektive. Betrachten wir dazu als erstes das Paradigma der Demonstrativpronomina. Dazu gehören folgende Wörter: *der (hier, da), dieser, jener, derjenige, derselbe, solch ein(er), ein solcher, so etwas.* Sie haben vor allem zwei gemeinsame Eigenschaften: sie können attributiv *(dieses Haus)* und substantivisch *(dies ist gut)* gebraucht werden.[49] In ihrer pronominalen Rolle haben sie vor- und rückverweisende (anaphorische bzw. kataphorische) Funktion. Das heißt, sie sind sozusagen ein sprachlicher Zeigefinger, ohne eine eigene Bedeutung zu haben. Darin liegt eben ihr grammatischer Charakter. Auffällig an einigen dieser Wörter ist die Verbindung mit dem bestimmten Artikel *(derjenige, derselbe)*. Das führt uns zu einer weiteren Eigenschaft. Alle diese Verweisungen sind definit, d. h. sie nehmen auf vorher Erwähntes oder sonst Bekanntes Bezug. Darin gleichen sie dem Artikel.[50] Dies ist vor allem deshalb erwähnenswert, weil viele der jetzt zu nennenden Wörter, die das Paradigma der Demonstrativa auffüllen, stets in Verbindung mit *der/die/das* gebraucht werden. Die häufigsten sind: *der eine, der andere, der gleiche, der nämliche, das folgende, das bisherige, das vor-, nach-, um-, neben-, untenstehende, das vorausgehende, das weitere.* Ferner gehören dazu: *derartiges, anderes, ähnliches, obiges, folgendes.* Die Kleinschreibung dieser Wörter wurde in der Berliner Rechtschreibkonferenz vom 17. bis 19. Juni 1901 vereinbart.[51] Die Konferenzteilnehmer waren sich schon damals darüber im klaren, daß die Unterscheidung zwischen adjektivischem und pronominalen Gebrauch nicht immer einfach ist. Sie fügten deshalb, auf Vorschlag des Bonner Germanisten Wilhelm Wilmanns, den Regeln ‹Über die Anfangsbuchstaben› am Ende die Anmerkung bei: «In zweifelhaften Fällen schreibe man mit kleinen Anfangsbuchstaben.»[52] Welche Verwirrung der Versuch einer Reform hier angestiftet hat, wird in Kapitel 9.5 über den mißverstandenen Artikel behandelt.

Hier soll zunächst auf die weiteren Gruppen von ergänzten Paradigmen der Pronomina eingegangen werden, die besitzanzeigenden (Possessiva) und die große Gruppe der sog. Indefinita und Zahlwörter.

Im Paradigma der Possessivpronomina *(mein, dein, sein, ihr, un-*

ser, euer) gibt es nur wenige ergänzende Adjektive mit gleicher Funktion. Das zeigen die drei Varianten im folgenden Text:

(1) *Wem gehört der Hut hier? Das ist meiner/der meine/der meinige.*

Die Adjektive *der meine / der meinige* können aber auch substantiviert gebraucht werden, etwa in den Sätzen

(2) *Grüß mir die Deinen/die Deinigen!* (3) *Jedem das Seine!* und (4) *Das Meine lasse ich mir nicht nehmen.*

Während in (1) eine Verweisung auf das Substantiv *Hut* im Vorsatz vorliegt, der Bezug auf den gemeinten Sachverhalt (Referenz) also dadurch hergestellt wird, geschieht dieser Bezug in (2) bis (4) ausschließlich durch das Adjektiv im Sinne von ‹deine Familie› (2), ‹was ihm zusteht› (3) und ‹mein Besitz› (4). Dieser Gebrauch ist schon weitgehend lexikalisiert.

Die sog. Indefinitpronomina sind eine heterogene Gruppe von Pronomina, mit denen wir eine quantitative Schätzung vornehmen (z. B. *einige, manche, viele*), eine Gesamtheit bezeichnen (z. B. *jeder, alle, sämtliche*) oder deren Fehlen, eine Negation (z. B. *kein, nichts, niemand*) feststellen können. Mit der Singularform beziehen wir uns auf eine große oder kleine Teilmenge (*etwas Geld*), mit der Pluralform auf eine große oder kleine Anzahl von Elementen (*einige Leute*).[53]

Wichtig ist vor allem ein Punkt: die Unbestimmtheit der Anzahl oder Menge hat nichts mit Definitheit bzw. Indefinitheit im textuellen Sinne zu tun. Dies ist eine unglückliche terminologische Ähnlichkeit, die sich daraus erklärt, daß die textuelle Kategorie der Definitheit erst durch die neuere Textlinguistik der 70er Jahre entdeckt wurde, während die semantische Indefinitheit zum traditionellen Fachwortschatz der Grammatik gehört. Jene textuelle Indefinitheit ist, wie wir in Kapitel 9.3 gezeigt haben, kein semantisches Phänomen, keine Mengenangabe, wie sie in Wörtern wie *alles, nichts, etwas, viel, wenig* zum Ausdruck kommt, sondern eine Kategorie der Verweisung, mit der Bekanntheit oder Vorerwähntheit bzw. deren Fehlen angegeben wird. Dies leisten in erster Linie der bestimmte und unbestimmte Artikel in Verbindung mit einem Bezugssubstantiv. Darüber hinaus vermitteln alle Determinativ- und Possessivpronomina Definitheit (*dieses Haus, mein Haus*), auch bei substantivischem (d. h. im engeren Sinne pronominalen) Gebrauch. Bei den Infinitpronomina ist das anders. Sie sind in diesem Punkt unmarkiert, gleichsam neutral. Viele können aber einen unbestimmten oder bestimmten Artikel bei sich führen und damit textuelle Definitheit bzw. Indefinitheit ausdrücken (man vergleiche z. B. *ein wenig/das wenige, ein übriges/das übrige*). Damit haben wir den Problempunkt der Groß- bzw. Kleinschreibung erreicht. Es geht um jene Adjektive, die pronominal gebraucht werden, d. h. die das Paradigma der Indefinitpronomina ergänzen. Wir werden sehen, daß die Zahl sozusagen ‹anerkannter› Pronomina klein, die der ergänzenden Adjektive viel größer ist. In der folgenden Übersicht sind jene Wörter, die in den Grammatiken meist als Pronomina angeführt werden, kursiv, die pronominal gebrauchten Adjektive recte geschrieben. Die Formen im Singular (links) beziehen sich auf eine Menge, die im Plural (rechts) auf eine Anzahl. Die Aufstellung soll auch zeigen, daß die Suppletion sich oft nur auf einen dieser beiden Aspekte bezieht. (Aufgenommen sind häufig gebrauchte pronominale Formen, insbesondere in Verbindung mit Artikeln.)

Mit dieser großen Gruppe der Indefinita werden in neueren Grammatiken die Kardinalzahlen (*eins, zwei* usw.), die Ordinalzahlen (*der erste, der zweite* usw.) sowie suppletive Adjektive als sog. Quantoren zusammengefaßt. Auch hier gibt es, wenn auch selten bemerkt, Adjektive, welche die betreffenden Paradigmen ergänzen. Zu den Kardinalzahlen sind zu stellen: *einer/der eine, beide/die beiden*, ein einzelner/einzelnes/der einzelne, ein einziger/der einzige.[54] Zu den Ordnungszahlen sind zu stellen: *ersterer/der erstere, letzterer/der letztere, der nächste, der (zweit-, dritt-, vor-, aller-)letzte*. Damit wird vor allem das Ende einer Zahlenreihe, für das es keine Ordinalzahlen gibt, gut ergänzt.[55]

Zwei Beispielsätze über eine geschätzte Menge bzw. Anzahl sollen illustrieren, daß die betreffenden Pronomina und pronominal gebrauchten Adjektive (beides kursiv gesetzt) in ein Paradigma gehören:

	Singular (Menge)	Plural (Anzahl)
Negation	*(gar) nichts*	-
	nicht das geringste	-
	nicht das mindeste	-
	niemand, keiner	keine
Schätzung	(ein) wenig/das wenige, weniger (als)	wenige, die wenigen
	das wenigste	die wenigsten
	ein geringes	-
	etwas	-
	einiges	einige
	ein bißchen/das bißchen	-
	-	ein paar/die paar
	genug	-
	ein einzelner/der einzelne (s. unten)	einzelne/die einzelnen
	etliches	etliche
	mehr	mehrere
	verschiedenes	verschiedene/ die verschiedenen
	(nichts) sonstiges, das/ alles sonstige	sonstige/die sonstigen
	ein übriges, das/alles übrige	die/alle übrigen
	mancher, manche, manches	*manche*
	mancherlei	-
	allerlei	-
	vielerlei	-
	-	zahlreiche/die zahlreichen
	-	zahllose/die zahllosen
	-	unzählige/die unzähligen
	viel/vieles/das viele	viele/die vielen
	das meiste	die meisten
Gesamtheit	das ganze	-
	alles	*alle*
	sämtliches	*sämtliche*
	jeder(mann), ein jeglicher	*jegliche*

Abb. 2: Substantivisch gebrauchte Pronomina (kursiv) und Pronominaladjektive (recte) der Negation, Schätzung und Gesamtheit

(5) Sie hat in der Spielbank *nichts/nicht das geringste/nur ein geringes/wenig/weniger als gestern/etwas/einiges/ein bißchen/genug/etliches/ allerlei/viel/mehr als gestern/das meiste/alles* verloren.
(6) Bei dem Anschlag wurden *nur wenige/die wenigsten/ein paar/ einzelne/manche/mehrere/viele/zahlreiche/unzählige/die meisten/ alle/sämtliche* verletzt, *die übrigen* kamen mit dem Schrecken davon.

So war es auch konsequent und richtig, alle jene pronominal gebrauchten Adjektive klein zu schreiben, wie es die Regeln von 1901 vorsahen. Die seltenen Fälle echter Substantivierung ließen sich davon durch Großschreibung abheben, wie z. B. in den Sätzen (7) und (8):

(7) *Sie hat ein gewisses Etwas.*
(8) *Die Einzelnen verschwinden in der Menge.*

In beiden Fällen wird die lexikalische Bedeutung hervorgehoben, wobei in (7) das Attribut *gewisses* den Charakter der Substantivierung zusätzlich bestätigt.

Im großen und ganzen entspricht dies den Regeln, die von 1901 bis 1998 galten. Allerdings deutet sich in der Regeldarstellung des Dudens bereits ein verhängnisvoller Irrtum über die Rolle des Artikels an, der dann in der jüngsten sog. Neuregelung weiter verstärkt wurde. (Siehe dazu Kapitel 9.5). Gerade die eben gegebenen Beispiele zeigen, daß unbestimmter und bestimmter Artikel textuelle Funktion haben. Deshalb können sie wechseln wie in *ein wenig – das wenige, ein übriges – das/alles übrige, einer – der eine, ein anderer – der andere, ein einzelner – der einzelne, einzelne* (Nullartikel) – *die einzelnen.*

9.4.2 Der andere Bereich des Sprachwandels, der den Wechsel von Groß- und Kleinschreibung betrifft, ist die Phraseologisierung, d. h. die Entstehung von festen mehrteiligen verbalen und adverbialen Ausdrücken wie z. B. *das beste aus etwas machen, im übrigen, des öfteren, über kurz oder lang.*[56]

Wie und wann sie entstanden sind, ist natürlich für die heutige Rechtschreibung unerheblich. Entscheidend ist – neben der ‹Festigkeit› – ihre sogenannte ‹Idiomatizität›. Darunter verstehen wir eine semantische Besonderheit, durch die sich der gesamte Ausdruck von der Bedeutung einzelner Elemente abhebt. Das kann z. B. durch Metaphorisierung geschehen: Die Wendung *den kürzeren ziehen* hat die Bedeutung ›benachteiligt werden, unterliegen‹.[57] «Sie leitet sich her vom Losen mit Halmen, Stäbchen oder Streifen...»[58]; wer den kürzeren Halm gezogen hatte, war der Verlierer. Aus diesem Brauch entstand die Wendung, die dann metaphorisch übertragen wurde. Die wenigsten, die heute *den kürzeren ziehen*, haben dies dem Halm-Ziehen zu danken. Nur wenige werden die ursprüngliche Bedeutung noch kennen, also gar nicht wissen, was deren wörtliche Bedeutung ist. Sie kennen nur die übertragene. Für sie ist auch bedeutungslos, wer oder was eigentlich *der kürzere* sei, der hier gezogen wurde. Dies Wort hat seine übliche Bedeutung eingebüßt. Es ist eingegangen in die feste verbale Wendung. Wir sprechen deshalb hier von einem phraseologischen Verb, d. h. einem Verb, das aus mehreren Bestandteilen besteht, die fest verbunden sind und eine lexikalisierte Bedeutung besitzen. Die meisten dieser phraseologischen Verben haben neben einer Verbform einen nominalen, d. h. adjektivischen oder substantivischen Bestandteil wie z. B. in folgenden Wendungen: *aus dem vollen schöpfen, auf dem trockenen sitzen, auf dem laufenden sein, etwas im dunkeln lassen; sich in acht nehmen, jemandem spinnefeind sein*. Die Regeln von 1901 kommentieren einige dieser Beispiele mit dem Hinweis, das Hauptwort sei meist in verblaßter Bedeutung gebraucht (§ 22 1.e). Viele Fälle sind hier ganz unproblematisch, da die Verfestigung, wie z. B. in *standhalten, preisgeben, teilhaben,* schon bis zur Zusammenschreibung fortgeschritten ist. In anderen Fällen sind die Substantive zu Adjektiven mutiert wie z. B. in *leid tun, pleite gehen, schuld sein*. Dies alles wurde 1901 in bewundernswerter Klarheit, mit knappen Worten und vielen Beispielen geregelt und steht nun unter dem Banner einer angeblichen Reform wieder zur Disposition. Der augenscheinlichste Mißgriff war dabei die Erfindung eines Substantivs *Spinnefeind* in der Wendung *jemandem Spinnefeind sein*.[59] Denn das folge aus der Schreibung *jemandem Feind/Freund sein*. Und warum dies? Weil es wie ein Substantiv aussieht und darum von manchen Schülern auch so geschrieben werde. Dieser Irrtum wurde inzwischen korrigiert.[60] Ähnlich wurde acht Jahre lang an der geplanten Schreibung *es tut mir Leid* festgehalten – bis zum letzten Bericht der Rechtschreibkommission, in der nun die Variante *es tut mir leid* wieder zugelassen wird.

Es geht in diesen und vielen anderen Fällen um den Versuch, eine vermehrte Großschreibung durchzusetzen, die seit Jahrzehnten in vielen Reformprogrammen mit ihrem Gegenstück, der sog. gemäßigten Kleinschreibung, konkurriert.[61]

Letztere wurde von den Vertretern der deutschen Kultusministerkonferenz (KMK) abgelehnt. Daß statt dessen (mit der vermehrten Großschreibung) eine andere Reformklamotte aus der Kiste geholt wurde, haben sie nicht geahnt und offenbar bis heute nicht bemerkt.

In allen diesen Fällen geht es darum, daß die Rechtschreibung den Sprachwandel zu festen phraseologischen Einheiten nachvollzieht und dafür eine pragmatische Lösung findet, die bei abgeschlossener Entwicklung eine Schreibung fixiert, in Fällen des Übergangs aber angemessene Varianten zuläßt. Der Weg, den die Rechtschreibkonferenz vor über 100 Jahren gegangen war, hatte zwei Hauptziele: differenzierte Sprachangemessenheit und Klarheit für den Rechtschreibunterricht. Letzteres hat durch die immer dichter und komplizierter gewordene Regelung der Duden-Nachfolger gelitten. Wir erinnern uns hier an die Vorschrift, *alles übrige* klein, aber *alles Weitere* groß zu schreiben, *folgendes* klein, aber *das Folgende* groß. Eine Überprüfung und Korrektur mancher solcher Spitzfindigkeiten war notwendig. Das berührt aber nicht die Grundqualität dieser Regelung, eine angemessene Rücksicht auf den Sprachwandel. Hier kommt ein Prinzip zur Geltung, das alles richtige Schreiben beherrscht: Unterschiede in der Sprache, wo immer möglich, auch durch Unterschiede in der Schreibung zum Ausdruck zu bringen.

Dies geschah auch bei den adverbialen Wendungen des Typs *im übrigen, des öfteren, aufs neue*. Daß sie eine semantische Einheit bilden, sieht man auch an den Synonymen *übrigens, öfters, erneut*. Damit hatte der traditionelle Duden (1991) in R 65 die Kleinschreibung begründet: «Adjektive und Partizipien, die durch einen Artikel der Form nach substantiviert sind, werden k l e i n geschrieben, wenn die jeweilige Fügung durch ein bloßes Adjektiv, Partizip oder Adverb ersetzt werden kann.» Damit war anerkannt, daß diese Ausdrücke als ganzes einem Adjektiv, Partizip oder Adverb entsprechen. Ein grober Mißgriff war jedoch die Annahme, es gebe eine Art

‹Substantivierung der Form nach› durch den Artikel, so als diene er nur zur Kennzeichnung eines Substantivs oder einer Substantivierung, die aber hier ausnahmsweise außer Kraft gesetzt sei. Mit dieser unglücklichen Formulierung sollte offenbar gesagt werden, daß inhaltlich keine Substantivierung vorliege. Und so ist es auch. In diesen Wendungen ist die Bedeutung der einzelnen Elemente zugunsten einer neuen Gesamtbedeutung aufgehoben. Auch die syntaktischen Beziehungen zwischen ihnen haben ihre Funktion eingebüßt. Deshalb werden hier alle Teile zurecht kleingeschrieben.

Die Absicht, dies alles rückgängig zu machen, stellt einen grotesken Rückschritt in der Sprachangemessenheit der Rechtschreibung dar. Was ist denn *das* oder *der Nachhinein* in der Wendung *im Nachhinein*? (Nicht einmal das Genus dieses Wortes läßt sich in der einzig vorkommenden Dativform bestimmen.) Und was ist *das Geratewohl* in der Wendung *aufs Geratewohl*? Hier soll offenbar einer «Substantivierung der Form nach» gefolgt werden, obwohl diesen Wörtern durch Großschreibung eine lexikalische Bedeutung untergeschoben wird, die sie gar nicht haben. Denn sie kommen nur in diesen Wendungen vor. Ähnliche Fragen kann man auch bei anderen Wendungen stellen, denen nun Großschreibung zuteil wird: Was ist das *Lange und Breite* in *des Langen und Breiten*? Was ist das/der *Voraus* in *im Voraus*? Solche Fragen stellt man nicht bei der bisherigen Kleinschreibung *im nachhinein, des langen und breiten, im voraus*. Einen Stolperstein beim Lesen bilden auch Schreibungen wie *des Öfteren, des Näheren, des Weiteren* mit ihrem zu einem Fossil versteinerten Genitiv.

Überschaut man die Gesamtheit dieser ca. 40 phraseologischen Adverbien, so findet man eine gewisse formale Gruppenbildung:

a) Flektierte Adjektive mit Präposition: *binnen kurzem, vor kurzem, seit kurzem, seit langem, von nahem, von neuem, bei weitem, bis auf weiteres, ohne weiteres, von weitem.*

b) Adjektive im Genitiv mit Artikel: *des langen und breiten, des näheren, des öfteren, des weiteren.*

c) Flektierte Adjektive nach *im* und *aufs*: *im allgemeinen, im besonderen, im einzelnen, nicht im entferntesten, im folgenden, im ganzen, im großen und ganzen, im kleinen, im nachhinein, im übrigen, im voraus, im weiteren, im wesentlichen; aufs neue, aufs geratewohl.*[62]

d) Unflektierte Adjektive mit Präposition (auch in Paarformeln): *gegen bar, von fern, von klein auf,* (Anzeige) *gegen unbekannt, durch dick und dünn, über kurz oder lang, von nah und fern, von früh bis spät, schwarz auf weiß, grau in grau.*

Die meisten dieser adverbialen Ausdrücke kommen häufig vor. Sie sind auch ein Ersatz für eine regelhafte Adverbialbildung mit Suffix, die im Deutschen bereits im frühen Mittelalter untergegangen ist. (Reste davon sehen wir noch in den Wörtern *schon* und *schön* aus der ahd. Adverbform *scôno* zum Adjektiv *scôni.*) In semantischer Hinsicht gehören sie zumeist zu den lokalen, temporalen und modalen Adverbien. Die Basis metaphorischer Übertragung sind häufig Adjektive mit lokaler Bedeutung wie *kurz, lang, nah, weit, breit.* Nennenswerte semantische Unterschiede zwischen Wendungen dieser vier Gruppen gibt es nicht. Um so fragwürdiger ist es, daß jetzt eine Spaltung in groß- und kleingeschriebene erfolgen soll. Wegen des Artikels werden die Adverbien unter (b) und (c) zur Großschreibung verurteilt, um – wie es in der ausführlichsten Erläuterung der Rechtschreibreform durch Gallmann/Sitta (1996), S. 123 heißt – «in Grauzonen die Schreibung vermehrt an grammatischen Gesichtspunkten auszurichten, das heißt an *formalen* Merkmalen, die leicht erkennbar und darum leicht erlernbar sind.»

Diese Maxime hat auch dazu geführt die Wendungen des Typs *aufs* + Superlativ wie in *aufs äußerste gespannt sein, etwas aufs beste regeln, jemanden aufs herzlichste grüßen* als ‹Nominalisierungen› anzusehen. Tatsächlich handelt es sich um phraseologische Schablonen mit elativer Bedeutung. Es ist nur verwunderlich, warum normale Superlative wie *am besten, am schönsten* noch klein geschrieben werden, liegt doch auch hier das formale Kriterium eines (kontrahierten) Artikels vor. Die Schüler werden diesen Schluß bald ziehen.

9.5 Die mißverstandene Artikelprobe

Es ist nicht meine Absicht, in diesem Buch die schon so oft formulierte Kritik an der jüngsten Rechtschreibreform zu wiederholen. Vielmehr geht es mir darum zu zeigen, daß der Weg der deutschen Rechtschreibung in den vergangenen 200 Jahren ein erfolgreiches Ringen um eine angemessene und differenzierte Wiedergabe des

Deutschen mit den Mitteln der lateinischen Alphabetschrift war, ein Stück Sprachkultur, das man nicht einfach mit dem Argument beiseite wischen kann, das sei alles für Schüler zu schwer.⁶³ Denn Vorrang haben hier die Leser und alle Autoren, die sich der bewährten Rechtschreibung bedienen wollen. Welche negativen Auswirkungen die schon mehrfach angesprochene vermehrte Großschreibung hat und weshalb sie der bisherigen Regelung unterlegen ist, soll abschließend noch einmal zusammengefaßt werden.

Werfen wir dazu zunächst einen Blick in die jüngere Geschichte der Großschreibung, wie sie der Grammatiker und Orthographieforscher Wilhelm Wilmanns in seinem Kommentar zur preußischen Schulorthographie (1887) referiert. Im Laufe des 19. Jahrhunderts war die Großschreibung in vielen Details noch im Fluß. So findet man in vielen Büchern alle substantivisch gebrauchten Pronomina großgeschrieben, also *Niemand, Keiner, Derjenige, Dieser, Einige, Alle* usw. Auch einige Grammatiker und Lexikographen unterstützten diese Praxis, wohingegen die Schulorthographien von Anfang an für eine Eindämmung der Großschreibung eintraten.⁶⁴

Wilmanns kommentiert dies als Beteiligter wie folgt: «Die Schulorthographie ist im ganzen darauf ausgegangen, den Gebrauch der Majuskel möglichst einzuschränken, und hat dabei selbst ziemlich entschiedene Eingriffe in den herrschenden Gebrauch nicht gescheut.»⁶⁵

Er bespricht sodann ausführlich die verschiedenen Fallgruppen, wobei auffällt, daß sich viele Punkte inzwischen durch den fortgeschrittenen Sprachwandel erledigt haben. Es wird dabei auch sichtbar, wie notwendig in diesem Bereich eine regelmäßige Anpassung im Sinne einer orthographischen Sprachpflege ist. Für die heutige Diskussion ist zweierlei festzuhalten: Die gegenwärtig geplante vermehrte Großschreibung holt gerade jene Schreibtendenzen wieder aus der Versenkung, die durch die Schulorthographien des 19. Jahrhunderts und in ihrer Nachfolge auch durch die Rechtschreibeinigung im Jahre 1901 zurückgewiesen wurden. Kurioserweise geschieht das mit der gleichen Rücksicht auf den Schulunterricht, welche die damaligen politischen Gremien geleitet haben – nur wird jetzt der umgekehrte Weg eingeschlagen. Als zweites muß man festhalten, daß die Groß- und Kleinschreibung, ähnlich wie die Getrennt- und Zusammenschreibung, ganz besonders von dem Wandel grammatischer und phraseologischer Wörter betroffen ist. Das hat in dem maßgebenden Dudenwörterbuch dazu geführt, gerade hier die Regeldichte laufend zu erhöhen. Dabei wurden auch manche Fehlentscheidungen getroffen und Spitzfindigkeiten eingeführt, die das gesamte Regelsystem undurchsichtig gemacht haben. Während die Rechtschreibdebatte zwischen 1850 und 1901 zahlreiche Sprachwissenschaftler und Schulmänner zu einer intensiven Beschäftigung mit der deutschen Orthographie angeregt und zu außerordentlich kompetenten Darstellungen und Kommentaren geführt hat, die noch heute lesenswert sind, verfiel dieses Wissen nach 1901. Und als nach dem Tode Konrad Dudens sein ‹Orthographisches Wörterbuch› mit den Spezialanweisungen für Drucker (sog. Buchdruckerduden) zusammengefaßt wurde, begann jener Weg in die Überregulierung, der schließlich für viele eine Reform nötig erscheinen ließ. Dabei wurde nun in vielen Punkten das Kind mit dem Bade ausgeschüttet. Nötig war eine neue Regeldarstellung auf der Grundlage der Berliner Beschlüsse von 1901 unter Berücksichtigung des jüngeren Sprachwandels. Nötig war eine Begrenzung der Großschreibung nach dem bewährten Muster ‹im Zweifel klein›, aber mit der Möglichkeit, davon unter flexiblen Bedingungen abzuweichen.[66]

Im folgenden erläutere ich meine Position und weise an Beispielen auf die Folgen der geplanten Neuregelung hin. Das Problem, mit dem sich die Fachleute seit Beginn des 19. Jahrhunderts befassen, ist die Abgrenzung pronominal gebrauchter Adjektive und Zahlwörter von homonymen echten Substantivierungen (*sie war die letzte in der Reihe – er zahlte seine Miete immer am Ersten*), von ‹verblaßten› Substantiven in der Funktion anderer Wortarten von echten Substantiven (*es tat ihm leid – er hat ihr kein Leid getan*) und von ‹verblaßten› Substantiven oder Substantivierungen in phraseologischen Wendungen von ihren echten Gegenstücken (*er war aufs beste vorbereitet – er wollte immer nur das Beste besitzen*). Dies ist im Einzelfall nicht eindeutig bestimmbar, weil es von der Absicht der Schreibenden abhängt und weil in einer großen Sprachgemeinschaft mit drei aktiven Sprechergenerationen gleichsam der Sprachwandel als Variation in der Gegenwart erscheint. Deshalb mußte hier eine ebenso sprachgerechte wie flexible Lösung gefunden werden. Die Schulorthographien des 19. Jahrhunderts haben die Trennlinie dort gezogen, wo die semantische Grundfunktion von Substantiven und Substantivierungen, die unmittelbare Bezeichnung von konkreten Gegebenheiten oder abstrakten Sachverhalten, durch das einzelne Wort nicht mehr gegeben ist. 1901 wurde dann die zusätzliche Empfehlung gegeben, im Zweifel klein zu schreiben. Darauf hatte der erfahrene Schulmann Wilhelm Wilmanns bei den Berliner Beratungen bestanden, weil er voraussah, daß das dickste Wörterbuch und die differenzierteste Regelauslegung keine praktikable Lösung anbieten können.

Diese Regelung wird durch die geplante Reform in ihr Gegenteil verkehrt: im Zweifel solle man groß schreiben. Einerseits handelt es sich hier um Fälle von Sprachwandel, in denen Substantive ihre Rolle einbüßen (Desubstantivierung), andererseits um Fälle, in denen pronominaler Gebrauch und eine homonyme Substantivierung nebeneinander möglich, aber nun nicht mehr unterscheidbar sind. Betrachten wird dazu konkrete Fälle!

(8) *der nächste bitte! – Liebe deinen Nächsten!*

Der groß geschriebene *Nächste* aus der christlichen Ethik ist inzwischen lexikalisiert, ursprünglich eine Substantivierung des Superlativs von *nah*. Davon zu unterscheiden ist *der nächste* als Ergänzung des Paradigmas der Ordinalzahlen. Der bestimmte Artikel hat hier gar nichts mit Substantivierung zu tun, er hat zeigende (deiktische) Funktion.

(9) *Nur zwei / die zwei aus Uganda erreichten das Ziel. Der erste war drei Minuten schneller als der letzte.*

Künftig sollen alle Grundzahlen (weiterhin) klein geschrieben werden, auch wenn ein Artikel vor ihnen steht (außer bei echter Substantivierung: *eine Vier im Zeugnis*). Einige Duden-Ausnahmen fallen weg. Anderseits aber geraten alle Ordinalzahlen und suppletiv gebrauchte Adjektive wegen des Artikels in die Großschreibung. Der zweite Satz lautet dann:

(9a) *Der Erste war drei Minuten schneller als der Letzte.*

Dabei geht es doch in beiden Fällen um Zahlenangaben: im ersten Satz um eine Anzahl, im zweiten um eine Reihung. Diese semantische Ähnlichkeit wurde bisher unterstützt, jetzt werden diese Gruppen auseinandergerissen in generelle Kleinschreibung hier, Großschreibung dort.

(10) *Wenn zwei dasselbe tun, ist es nicht das gleiche.*

Die Neuregelung verlangt, *das Gleiche* zu schreiben, obwohl doch offensichtlich beide Wörter in dasselbe Paradigma der Demonstrativa gehören. Viele Sprachbenutzer verwechseln diese Wörter auch. Der Spruch ist eine Art Sprachbesserei. *Derselbe* ist, wie die Zusammenschreibung zeigt, als Pronomen lexikalisiert, *der gleiche* ist auf diesem Wege, hat aber gleiche deiktische Funktion.

(11) *Das nehme ich dir nicht im geringsten übel. – Auch der Geringste hat Anspruch auf ärztliche Hilfe.*

Im zweiten Satz liegt echte Substantivierung des Superlativs von *gering* zur Bezeichnung von Personen vor, im ersten dagegen haben wir eine versteinerte Wendung vor uns, die mit dem Negationswort *gar nicht* synonym ist. Diese Parallelität führt zur Kleinschreibung.

In allen diesen Fällen (8) – (11) kann man gut unterscheiden, wann der Artikelgebrauch mit einer Substantivierung zusammenhängt und wann er der Verweisung dient oder in einer festen Wendung funktionslos ist. Die sog. Artikel-Probe vernachlässigt diese Unterscheidung und führt zu einer Simplifizierung der Groß- und Kleinschreibung.[67]

Dieses traditionelle Mittel der Rechtschreibdidaktik hat Pate gestanden bei der Modifizierung der bisherigen Regeln zu einer vermehrten Großschreibung. Nicht die Sprachangemessenheit der Schreibung ist das Ziel, sondern die Fehlervermeidung.

Inzwischen wird seitens eifriger Reformer beklagt, daß in der Neuregelung besonders häufig gebrauchte Pronominaladjektive wie *wenig, viel, der eine, der andere* zunächst von der Reform zu neuer Großschreibung ausgeschlossen waren. Das soll nun mit dem Trojanischen Pferd der Variante nachgeholt werden. So enthält der neueste Duden (2004) bereits folgende Varianten: *wenige, auch We-*

nige, das wenige, auch *das Wenige* (Kasten S. 1070), *das Lob der vielen,* auch *der Vielen* (Kasten S. 1041), *der, die, das eine,* auch *Eine* (Kasten S. 322), *der, die, das andere,* auch *Andere* (Kasten S. 157).

9.6 Erste Hilfe

Haben Sie diesen Ausdruck vielleicht einmal im Duden gesucht und nicht gefunden? Es war nicht Ihr Fehler. Denn er steht nirgendwo, weder in der jüngsten Ausgabe (2004), noch in einer älteren, z. B. dem ersten Duden nach der deutschen Wiedervereinigung, dem sog. Einheitsduden (1991). Woran liegt das? Gibt es denn von den Sprachbenutzern keine Fragen zu solchen Ausdrücken wie *Schneller Brüter, Inoffizieller Mitarbeiter, Englische Rosen*? Versprach der Duden nicht auf dem gelben Buchdeckel «Maßgebend in allen Zweifelsfällen»? Der Grund für diesen Mangel ist vielleicht sehr einfach: die Duden-Redaktion hat in ihrer 90jährigen Tradition zwar viele tausend neue Wörter, neue Wortbildungen und Entlehnungen aufgenommen und diese mit vielen zusätzlichen Erklärungen zur Aussprache, zur grammatischen Verwendung und Bedeutung versehen, solche mehrteiligen Ausdrücke aber fast immer ignoriert. Hier blieben die Rechtschreiber ihrer Intuition überlassen, und so ist unter dem Dach einer bis aufs kleinste ausgefeilten Orthographie eine Nische der Freiheit entstanden.

An diesem Beispiel kann man deshalb gut nachvollziehen, wie ein neuer Schreibgebrauch entsteht. Warum kommt jemand auf die Idee, nicht einfach *erste Hilfe* sondern (großgeschrieben) *Erste Hilfe* zu schreiben? Warum möchte er diesen Ausdruck markieren und von der üblichen Schreibung *erste Hilfe* abheben? Offenbar weil hier ein deutlicher Bedeutungsunterschied besteht zwischen regelhafter und phraseologischer Verwendung. Eine wichtige Funktion der Schreibung besteht eben darin, solche Unterschiede sichtbar zu machen. Die besondere Bedeutung des Ausdrucks *Erste Hilfe* läßt sich so umschreiben: ‹Hilfe, die bei Unglücksfällen bis zur Ankunft des Arztes von Laien geleistet werden kann.› Es geht also nicht um irgendeine Hilfe, sondern um eine Art Unfallhilfe durch Laien. Dafür kann man sich durch Erste-Hilfe-Kurse ausbilden lassen. Auch diese Institutionalisierung deutet auf einen festen Sprachgebrauch hin. Die *Erste Hilfe* beinhaltet einen kleinen Kanon von

Hilfemaßnahmen, die der Laie ausführen kann, bevor der Arzt kommt. Sowohl das Substantiv *Hilfe* wie das Adjektiv *erste* haben hier also eine besondere Bedeutung angenommen, die nur in dieser Verbindung auftritt. Da das ganze ein substantivischer Ausdruck ist (mit einem Substantiv als Kern), besteht die Möglichkeit, diese semantische Besonderheit durch Initialgroßschreibung zu markieren, hier also durch Großschreibung des Adjektivs am Beginn des ganzen Ausdrucks.

Übrigens ist die eben gegebene Bedeutungserklärung nicht aus der Luft gegriffen, sondern stammt aus einem älteren dtv-Lexikon vom Jahre 1966. Damals also war der Ausdruck den Lexikographen bereits so bekannt, daß sie ihn sogar in ein Taschenbuchlexikon aufgenommen haben. Warum aber ignoriert dann der Duden solche Ausdrücke? Das kann man die Verantwortlichen, d.h. Konrad Duden (verstorben 1915) und die späteren Bearbeiter seines Werkes, nicht mehr fragen. Aber man kann Vermutungen anstellen. Die erste knüpft an den Ur-Duden vom Jahre 1880 an.[68] Dies war aber nur ein kleines Büchlein von 187 Seiten mit ca. 30 000 Wörtern, eigentlich bloß ein Wörterverzeichnis, das den Grundwortschatz des Deutschen enthielt, ohne das viele Beiwerk des heutigen Duden. So ist es nur natürlich, daß solche Ausdrücke ebenso fehlten wie die meisten Wortbildungen. Es bleibt aber die Frage, warum die Nachfolger Dudens die *Erste Hilfe* und viele hundert ähnliche feststehende Ausdrücke übergangen haben. Das mag eine zweite Begründung erklären. Vielleicht fühlten sie sich an die Ergebnisse der Rechtschreibkonferenz vom Jahre 1901 gebunden, die diesen Fall noch nicht kannte und deshalb in ihren Regeln gar nicht behandelte. Wahrscheinlich liegt hier (zumindest quantitativ) eine neuere Entwicklung in der deutschen Sprache vor, die weder Wissenschaftler noch Lexikographen wahrgenommen haben. Zwar gab es schon lange die *Mittlere Reife* (als Schulabschluß), vielleicht auch die *Kleine Anfrage* (im Parlament), dann seit den 50er Jahren die *Große Koalition* (aus den großen Parteien), den *Runden Tisch*, den *Schnellen Brüter*, den *Inoffiziellen Mitarbeiter* (*IM*) usw., aber es wurde nicht bemerkt, daß hier wie in anderen Sprachen eine neues Muster der Wortschatzerweiterung im Entstehen war. Lediglich das *Schwarze Brett* (Anschlagbrett) hat sich irgendwann in die Sprachwörterbücher eingeschlichen. Es geht hier um ein Phänomen, das in

Deutschland unter dem Titel ‹Phraseologie› erst in den 70er Jahren bekannt wurde, heute aber einen florierenden Zweig der Lexikologie darstellt.[69] Diesen Ausdrücken des Typs Substantiv + Adjektiv ist der Name ‹Nominationsstereotyp› gegeben worden, etwa zu übersetzen als ‹in Form und Inhalt festgeprägte Benennungseinheit›.[70] Es handelt sich hier um ein Bildungsmuster, das mit der Wortbildung konkurriert. Manchmal kommt beides nebeneinander vor wie in *Schwarzmarkt* und *Schwarzer Markt*. Auch andere Sprachen kennen das Phänomen. Dazu zählen z. B. Wörter wie *United Nations, Cruise Missile, haute cuisine, dolce vita*. Daß solche Ausdrücke im Deutschen (auch als Entlehnungen wie *Haute Cuisine*) meist groß geschrieben werden, hängt mit unserer Substantivgroßschreibung zusammen. Im Englischen, Französischen und Italienischen gilt das nur für Eigennamen.

Bisher ist noch gar nicht bekannt, wie viele solcher Nominationsstereotype es im Deutschen gibt, eben weil sie bislang lexikalisch nicht erschlossen wurden.[71] Einen großen Teil machen hier auch Fachbezeichnungen aus wie *Innere Medizin, Alte Geschichte, Christliche Publizistik* oder Krankheitsbezeichnungen wie *Multiple Sklerose, Asiatische Grippe* oder Nomenklaturen der Botanik und Zoologie wie *Englische Rosen, Gemeine Stubenfliege*. Einen Rechtschreibstreit löste der *Heilige Vater* aus, den Reformer mit kleinem h schreiben wollten. Überhaupt sollte die lockere Praxis der Großschreibung radikal eingedämmt werden, kurioserweise, obwohl an anderer Stelle ihre Ausweitung geplant wurde. Diese Beschneidung der Markierung von Nominationsstereotypen scheint nun nach den jüngsten KMK-Beschlüssen nicht mehr auf dem Programm zu stehen, ein erster Sieg des Schreibgebrauchs gegen die behördliche Schreibplanung.

Was läßt sich daraus lernen? Die schreibenden Sprachbenutzer suchen nach immer neuen Wegen, mit den Mitteln der Rechtschreibung den Sprachgebrauch abzubilden und dabei Verschiedenes auch verschieden zu schreiben. Gerade unsere Substantivgroßschreibung gibt uns dazu viele Möglichkeiten.

10. Getrennt oder zusammen?

10.1 Einführung

Kein Thema hat die Kritiker der Rechtschreibreform heftiger aufgebracht als die neuen Regeln zur sogenannten Getrennt- und Zusammenschreibung. Worum geht es dabei und weshalb finden die meisten Autoren und Leser die bisherige Regelung besser?

Getrennt oder zusammen – das gehört zum wichtigen Bereich der Abgrenzung von Wörtern in einem Text. Wortzwischenräume erleichtern das Lesen, weil sie einen unmittelbaren Zugriff auf die sinntragenden Elemente ermöglichen. Bereits im 1. und 2. Jahrhundert vor Christus werden Punkte in halber Höhe zwischen die Wörter gesetzt, seit dem 9. Jahrhundert sind Spatien zur Markierung der Wortgrenzen üblich.[72] Unterstützt wird dies später durch Großschreibung und Zeichensetzung. Was ein Wort ist und was man also auf diese Weise kennzeichnet, erscheint zunächst unproblematisch. Es gibt einfache Wörter und Wortbildungen, d. h. Ableitungen wie *häuslich* oder *hausen* zu *Haus* oder Zusammensetzungen wie *Haustier* oder *Hausverwaltung*. Zusammensetzungen erkennt man im Deutschen nicht nur an den einzelnen Elementen, die sonst auch frei vorkommen wie *Haus, Tier, Verwaltung,* sondern vor allem am Wortakzent, der immer auf dem ersten Glied, dem sog. Bestimmungswort, liegt. Die Muster der Ableitung und der Komposition gehören zum Sprachwissen jedes Deutschsprechers. Deshalb treten hier auch kaum Probleme der Schreibung auf, gäbe es nicht Bereiche der Wortbildung, die noch nicht kanonisiert sind, erst im Entstehen und noch schwankend im Gebrauch. Es handelt sich dabei stets um Neubildungen aus Wörtern, die im Text benachbart stehen und syntaktisch aufeinander bezogen sind. So ist die Präposition *zugunsten* in der Bedeutung ‹zum Vorteil von› entstanden aus der Präposition *zu* und dem im Dativ regierten Substantiv *Gunst*. Dieser Proceß ist noch nicht abgeschlossen, deshalb schreibt man auch getrennt *zu Gunsten*. Wie langsam dies vor sich geht, erkennt man auch daran, daß in *Gunsten* ein veralteter Dativ bewahrt ist. In vielen ähnlichen Fällen ist die Entstehung eines neues Wortes schon abgeschlossen, wie z. B. bei den Präpositionen *anhand, inmitten,* den Adverbien *allerdings, allseits* und den Konjunktionen *anstatt, sofern.* Auf diese Weise wurde das Inventar unflektierbarer Wortarten nach und nach vermehrt.

Andere syntaktische Beziehungen bestehen z. B. zwischen *fertig* und *machen, gut* und *heißen* in den Verben *jemanden/etwas fertigmachen, etwas gutheißen*; die Adjektive *fertig* und *gut* beziehen sich auf das Objekt der verbalen Handlung. Sie werden dem Verb als Verbzusatz einverleibt (inkorporiert). Entsprechend werden bereits zahllose Verben dieses Typs zusammengeschrieben. Das ist jedoch nicht zwingend erforderlich und muß auch nicht reglementiert werden. Gerade darin liegt die Qualität einer Orthographie, daß sie es ermöglicht, sprachlichen Entwicklungen zu entsprechen, ohne daß jedesmal die Regeln geändert werden müssen. Es ist Aufgabe der Rechtschreibwörterbücher, solche Entwicklungen des Schreibgebrauchs zu dokumentieren.

Ganz ähnlich verlaufen die Prozesse der Einverleibung bei Verben wie *eislaufen* und *maschineschreiben*. Man kann zum Verb *laufen* ein Adverb stellen wie *schnell* oder *lustlos*, aber nie ein Akkusativobjekt wie *Eis. Eislaufen* ist eine verkürzende Wortbildung zu der Wendung *auf dem Eis laufen*. So ist es auch bei *maschineschreiben*. Zwar ist *schreiben* ein transitives Verb, aber die Objekte sind anderer Art, sie werden durch das Schreiben erst erzeugt (sog. effizierte Objekte), wie z. B. ein *Brief* oder ein *Buch*. Man sieht hier schon, daß die Unterscheidung von ‹getrennt und zusammen› auf diffizilen sprachlichen Unterschieden beruhen kann.

Eine große Rolle spielt die Zusammenschreibung bei Partizipien wie *gewinnbringend* und *ratsuchend,* die zwar auf den (zu Recht getrennt geschriebenen) verbalen Wendungen *Gewinn bringen* und *Rat suchen* beruhen, aber durch die Einverleibung der Objekte zu eigenständigen Wörtern geworden sind. Deshalb wirkt eine Getrenntschreibung im folgenden Satz (entsprechend der Neuregelung) so befremdend:

(1) *Die Rat Suchenden wurden erneut abgewiesen.*

Hier fragt man sich: was sind *die Suchenden?* Ebenso grotesk ist dieser Satz:

(2) *Die allein Stehenden erhalten weniger Stütze.*

Gemeint sind nicht Leute, die etwa ohne Stock stehen können, sondern die *Alleinstehenden* in übertragenem Gebrauch. Hier stoßen wir auf einen wichtigen Punkt, der in vielen Fällen die Unterscheidung von ‹getrennt oder zusammen› prägt. Die lexikalische Selbständigkeit eines Wortes kommt häufig in einer metaphorischen Bedeutung zum Ausdruck. So unterscheiden wir traditionell *sitzenbleiben* ‹in der Schule nicht versetzt werden› vom wörtlichen *sitzen bleiben* ‹nicht aufstehen›, *jemanden kaltstellen* ‹jemanden seines Einflusses berauben› vom wörtlichen *etwas kalt stellen* ‹zum Auskühlen abstellen›. Allerdings widerspricht das der eben erläuterten Regel, wonach *fertigmachen* und *gutheißen* zusammengeschrieben werden. Hier überlagert ein zusätzlicher Wunsch nach Differenzierung des wörtlichen und des übertragenen Gebrauchs eine allgemeinere Regel – durchaus ein Fall, der Anlaß gibt zum Nachdenken über eine komplexe Regeldichte.

Einen klassischen Fall von Getrennt- und Zusammenschreibung zeigt das Nebeneinander von *(in einem Vortrag) frei sprechen* und *(jemanden von einer Schuld) freisprechen.* Im ersten Fall ist *frei* Adverb, *frei* und *sprechen* werden beide betont gesprochen, im zweiten Falle ist *frei* Verbzusatz, der sich auf das Objekt der Handlung bezieht, die Hauptbetonung liegt wie bei allen Zusammensetzungen auf dem ersten Glied. Dazu noch ein letztes Beispiel: bereits seit Jahrhunderten wird unterschieden zwischen *so genannt* und *sogenannt,* z. B. in den Sätzen

(3) *Seit wann wirst Du so genannt?* (*so* ist Modaladverb) und
(4) *Die SBZ durfte im Westen auch sogenannte DDR genannt werden* (*so* ist Verbzusatz zum Partizip).

Sogenannt hat hier eine besondere, eine distanzierende Bedeutung. Es ist aufschlußreich, daß es entsprechende Wörter mit gleicher Bedeutung schon seit dem 18. Jahrhundert in vielen europäischen Sprachen gibt.[73]

Diese Beispiele mögen zeigen, wie vielgestaltig der Bereich der Getrennt- und Zusammenschreibung in unserer Rechtschreibung ist. Zwei allgemeine Feststellungen lassen sich dazu treffen. Erstens: allen Zusammenschreibungen liegen Entwicklungen des Sprachgebrauchs zugrunde. Sie sind Ausdruck und Folge eines Sprachwandels. Dabei hinkt die Schreibung dem Sprachwandel oftmals etwas hinterher. Darum kann der Schreibgebrauch lange Zeit schwanken. Zweitens: In der Regel geht es bei solchem Sprachwandel um die Entstehung neuer Wörter mit eigenständiger Bedeutung, oft auch eigenständiger syntaktischer Verwendung oder sogar anderer Wortart. Man hat dafür den Terminus ‹Univerbierung› geprägt, definiert als «Vorrang und Ergebnis des Zusammenwachsens mehrgliedriger syntaktischer Konstruktionen zu einem Wort».[74] Charakteristisch für solche Univerbierung ist, daß sie sozusagen wortweise geschieht. Nur häufig gebrauchte Syntagmen erfahren eine solche dauerhafte Fixierung. Deshalb kann man nur schwer verbindliche Regeln für alle Fälle aufstellen. Das fand schon vor über 200 Jahren der bekannte Grammatiker Johann Christoph Adelung, als er in seinen «Grundsätzen der Deutschen Orthographie» (1782) feststellte, «daß fast kein Theil in der Orthographie schwankender und unbestimmter ist, als die Lehre von den zusammen gesetzten Wörtern».[75] Konrad Duden vermied es, dazu Regeln aufzustellen, folgte aber in einigen Zusammenschreibungen dem Trend seiner Zeit, z.B. in *andersdenkend, auseinandersetzen, sogenannt;*[76] diese Wörter sollen nun ‹reformiert›, d.h. getrennt geschrieben und damit aus den Wörterbüchern ausgeschieden werden. Auch 1901 wurde nichts geregelt. So konnte sich gerade in diesem Bereich eine Kultur der Differenzierung entwickeln, die schwer in starre Regeln zu bringen ist und die sprachbewußten Schreibern viele Möglichkeiten eröffnete, Unterschiede des Wortgebrauchs orthographisch abzubilden. Diese Tendenzen wurden schließlich vom Duden normativ festgeschrieben.[77] An dieser Stelle begann der Versuch einer gutgemeinten, auf Vereinfachung zielenden, im Ergebnis aber verheerenden Reform. Es ist eine Ironie des Schicksals, daß die staatlich verordnete Reglementierung gerade hier, in einem lange Zeit unbeachteten Gebiet der Rechtschreibung, ihr Canossa erlebt. Der neue ‹Rat für deutsche Rechtschreibung› versucht zur Zeit, Remedur zu schaffen.

Im folgenden werden die Hauptgebiete dieses Rechtschreibthemas exemplarisch vorgestellt, und zwar – wie allgemein üblich – nach der Wortart des zweiten Gliedes. Mir geht es darum, die Tendenzen und die Hintergründe des Schreibgebrauchs zu erläutern, nicht Regeln zu formulieren.[78]

10.2 Verben mit Verbzusatz

Vergleicht man die Wortbildung der Verben mit der Wortbildung von Substantiven und Adjektiven, so fällt gleich eines auf: Es gibt fast keine Ableitungen mit Suffixen wie z. B. in *Schönheit, Bildung, freundlich, arbeitsam*, sondern fast nur Präfixbildungen im weitesten Sinne, d. h. Erweiterungen nach links wie *vergehen, mitgehen, heimgehen, auseinandergehen.* Und es gibt eine weitere Besonderheit: Nur ein Teil dieser Verben verhält sich wie andere Wortbildungen, ist also in allen Formen immer stabil, ein anderer wird in vielen Konstruktionen getrennt in Grundverb und Verbzusatz. Man nennt die einen ‹feste› oder ‹untrennbare› Verben, die anderen ‹unfeste› oder ‹trennbare› Verben. Man vergleiche dazu die Sätze unter (1) und die Sätze (2) bis (7):

(1) *Er vergeht vor Hunger, der vergehende Hunger, er wird vor Hunger vergehen, er ist vor Hunger vergangen.*

In allen Verbformen bilden Präfix *ver-* und Verb eine zusammengeschriebene Einheit.

(2) *Er kommt in Hamburg an,* (3) *er wird in Hamburg ankommen,* (4) *er ist in Hamburg angekommen,* (5) *wenn er in Hamburg ankommt,* (6) *der ankommende Zug,* (7) *er verreiste, ohne in Hamburg anzukommen.*

Präfix und Grundverb bleiben nur in den sog. infiniten Formen, d. h. im Infinitiv, Partizip I und II und in Endstellung des Nebensatzes beieinander, wobei die Partikel *ge* und *zu* dazwischentreten. In allen finiten Formen (Satz 2) treten die beiden Teile auseinander (sog. Distanzstellung) und können weitere Satzglieder einrahmen – ein syntaktisches Charakteristikum der deutschen Sprache.

Wo ist hier das Rechtschreibproblem? Es kann überall dort auftreten, wo das Verb nicht durch Präfixe wie *ab-, an-, ver-, über-* usw. erweitert ist, sondern durch Elemente, die als Adverbien, Adjektive, Substantive oder Verben auch frei vorkommen und in dieser Funktion vor einem Verb stehen können. Da stellt sich z.B. die Frage, ob das Wort *zusammen* in Satz (8) und (9) die gleiche Rolle spielt.

(8) *Wir wollen morgen früh wieder hier zusammenkommen.*
(9) *Ihr sollt einzeln, nicht zusammen kommen.*

Wir finden Unterschiede in Bedeutung, Betonung und möglicher Erweiterbarkeit. In (8) geht es um ein gemeinsames Treffen (*eine Zusammenkunft*), für das Ort und Zeit angegeben werden, die Hauptbetonung liegt auf *zusammen* als erstem Glied eines Kompositums; in (9) geht es um die Art des Kommens, *zusammen* heißt hier soviel wie ‹miteinander›, das wird durch den Kontrast zu *einzeln* hervorgehoben, betont sind beide Wörter, *zusammen* und *kommen*. Man könnte zwischen sie auch eine Richtungsangabe einfügen wie z. B. *nach Berlin* oder *hierher,* wohingegen in (8) Verbzusatz und Verb im Infinitiv untrennbar sind. Diese drei Merkmale der Bedeutung, Betonung und syntaktischen Umgebung begründen die Unterscheidung von Verbzusatz und Adverb bzw. die Zusammenschreibung solcher trennbaren Verben. Die Fälle sind sehr zahlreich,[79] es überwiegen Lokaladverbien als Verbzusatz wie in *dabeistehen, dazukommen, danebentreten, querschießen, aneinanderkleben, aufeinanderprallen* neben Temporaladverbien wie in *weitermachen, wiedersehen, vorhersagen.*

Noch zahlreicher sind die Fälle, in denen ein Adjektiv als Verbzusatz fungiert, oft aber auch als Adverb zum gleichen Verb gestellt werden kann. Das zeigen die Sätze (10) und (11).

(10) *Du mußt deine Rede frei halten.*
(11) *Können Sie mir den Platz freihalten?*

In (10) bezieht sich *frei* auf die verbale Handlung (*eine Rede halten*), *frei* und *halten* sind betont, hinter *frei* könnte z.B. *von der Leber weg* eingefügt werden; in (11) bezieht sich der Verbzusatz *frei* auf das Objekt der Handlung (als sog. Objektsprädikativ), es trägt die Hauptbetonung. Nach diesem Muster werden z.B. folgende häufige Verben von ähnlich aussehenden Konstruktionen mit Adverb unterschieden: *sich etwas bewußtmachen* ‹zum Bewußtsein bringen› von *etwas bewußt machen* ‹wissentlich machen›, *etwas hochspielen* ‹übertrieben darstellen› von *hoch spielen* ‹mit hohem Einsatz spielen›. Solche Gegenüberstellungen könnten aus einem Grammatiklehrbuch stammen. Tatsächlich sind sie gar nicht so zahlreich. Dagegen ist das Muster solcher Verben mit Objektsprädikativ sehr produktiv, z. B. in 20 Verbindung mit *hoch* wie *jemanden hochachten, hochschätzen; etwas hochheben, hochstellen*. Einem anderen Muster folgen *hochspringen, hochkommen, hochgehen*, wo offenbar die spezifische Bedeutung die Zusammenschreibung und damit die Darstellung als Worteinheit veranlaßt. Semantische Selbständigkeit aufgrund übertragener Bedeutung kennzeichnet besonders viele solche Verben wie *krankmachen, blaumachen, dichthalten, sich totlachen, blindspielen* (im Schach), *schönfärben, feststellen, großtun*.

Greifen wir aus dieser Liste zwei für eine weitere Betrachtung heraus: *blaumachen* und *krankmachen*. Sie sind doppeldeutig: ‹bummeln› und ‹etwas blau färben› bzw. ‹krankfeiern› und (wörtlich) ‹jemanden krank werden lassen›. In der ersten (übertragenen) Bedeutung gilt Zusammenschreibung, in der zweiten (wörtlichen) Getrenntschreibung, obwohl hier der klassische Falle eines Objektprädikativs mit resultativer Bedeutung vorliegt. Offenbar überwiegt in dieser Konkurrenz zweier Univerbierungsmodelle das semantische Kriterium. Dies Beispiel könnte dazu dienen (und so sehen es viele Reformer), die Unregelmäßigkeit auf diesem Gebiet zu demonstrieren. Ich ziehe einen anderen Schluß: hier wird ein Bemühen sichtbar, semantische (und begleitend oft syntaktische und prosodische) Unterschiede im Wortgebrauch in der Schreibung zum Ausdruck zu bringen. Dabei gibt es konkurrierende Mittel, entscheidend ist letztlich der Bedarf nach einer festen Prägung, d. h. die Gebrauchshäufigkeit. Niemand kann solche Entwicklungen vorhersehen, und vor allem sollte niemand im vorhinein festlegen, was erlaubt ist oder im nachhinein erklären, was verkehrt war. Dieser Sektor der Rechtschreibung läßt sich nicht systematisieren. Einerseits gibt es etablierte lexikalisierte Verben dieses Typs, andererseits die Freiheit jedes Sprachbenutzers, im Rahmen der skizzierten Modelle durch Zusammenschreibung neue Wörter einzuführen.

Solch einen fließenden Übergang findet man besonders bei Verbindungen von Substantiv und Verb. Einerseits sind das die gängigsten Syntagmen unserer Sprache, manche davon haben sich bereits zu immer wiederkehrenden Verbindungen (Kollokationen) verfestigt und in vielen ist das Objekt schon ganz in das Verb einverleibt (inkorporiert). Das zeigen z. B. diese Reihen: *den Marathon laufen, Gefahr laufen, probelaufen; Abstand halten, Schritt halten, standhalten; Geld nehmen, Stellung nehmen, teilnehmen.* Die Reihen beginnen mit einem normalen Syntagma (auch erweiterbar, z. B. *den New Yorker Marathon laufen, großen Abstand halten, viel Geld nehmen*), dann folgen phraseologische Wendungen, in denen trotz spezifischer Bedeutung das Objekt erkennbar bleibt, und schließlich als drittes Verben mit inkorporiertem (ehemaligem) Substantiv, das zugunsten einer verbalen Benennungseinheit verblaßt ist. Man erkennt das auch daran, daß Substantiv und Verb gar nicht in einer regelhaften syntaktischen Verbindung stehen. Das gilt zum Beispiel für *kopfstehen, eislaufen, handhaben, fachsimpeln* und viele andere mehr. Darüber hinaus können solche Verben eine ganz andere Quelle haben, als Rückbildung oder Ableitung aus einem Substantiv wie *notlanden* aus *Notlandung, bausparen* aus *Bausparer, haushalten* zu *Haushalt, ratschlagen* zu *Ratschlag*. So entstehen kleine Wortfamilien, indem eine nominale Prägung verbalisiert wird.

Schließlich gibt es eine kleine Gruppe von gleichsam doppelten Verben wie *kennenlernen, spazierengehen* und einige Verbindungen mit *bleiben* und *lassen*. Hier funktioniert die Betonungsprobe nicht, nur die semantische Emanzipation, z. B. wenn *badengehen* ‹hereinfallen› vom wörtlichen *baden gehen* oder *sitzenbleiben* ‹nicht versetzt werden› vom wörtlichen *sitzen bleiben* unterschieden wird. Übertragen gebraucht werden auch *flötengehen, stiftengehen, verschüttgehen*, ebenso *jemanden hängenlassen, sich gehenlassen* u. ä.

10.3 Wortfressende Partizipien und Adjektive

Diese Überschrift enthält ein ganz neugebildetes Wort, das aber wohl verständlich ist. Damit ist das Prinzip unserer Wortbildung beschrieben: nach bestimmten Mustern ad hoc Neubildungen zu schaffen und zu verwenden. Hier geht es um die Einverleibung (Inkorporation) des Substantivs *Wort* durch die Partizip-I-Form *fressend*, ein Muster, das in unserem Wortschatz über 200 mal belegt ist. Meist liegt der Partizipform eine entsprechende verbale Wendung zugrunde, wie *Not leiden* zu *notleidend, Rat suchen* zu *ratsuchend, vor Freude strahlen* zu *freudestrahlend*. Doch diese Ähnlichkeit ist nicht mißzuverstehen. Denn erst die infinite Form des Partizips macht es möglich, jenes Substantiv, das in der verbalen Wendung ein regiertes Objekt ist, als Kompositionsglied zu integrieren. Was ist damit erreicht? Eine satzförmige Information wie *X erregt Aufsehen, X bringt Trost* kann nun als Attribut (*ein aufsehenerregendes Ereignis*) oder prädikativ (*die Rede wirkte trostbringend*) eingesetzt werden. Einige dieser neuen Wörter sind sogar komparierbar (z. B. *das war viel aufsehenerregender als erwartet*), ein zusätzliches Indiz für die Autonomie des Wortes und für die graphische Zusammenschreibung. Ähnliches gilt für Zusammensetzungen mit einer Partizip-II-Form. Fälle wie *naturbelassen, kriegsgefangen, fußballbegeistert* sind jedoch orthographisch unproblematisch, da keinerlei Verwechslungsgefahr mit ähnlichen Syntagmen besteht. Hier ist die Komposition meist durch eine präpositionale Fügung vorbereitet wie *im Krieg gefangen, vom Fußball begeistert*. Viele dieser Wörter haben aber längst eigene Bedeutungsnuancen angenommen wie *gottergeben, fruchtbringend, schwerbehindert, fleischfressend*. Bei diesem letzten Wort kann man nicht fragen: Kalb oder Rind? *Fleisch* steht hier metonymisch für die kleinen Insekten, die von der fleischfressenden Pflanze verdaut werden. Der eigentliche Zweck solcher Bildungen ist jedoch die gewünschte attributive bzw. prädikative Verwendung.

Viel häufiger als Partizipien werden Adjektive zu Komposita erweitert, wobei fast alle Wortarten Bestimmungsglied sein können, d. h. Substantive wie in *spiegelglatt* und *reisefertig, flügellahm* und *charakterfest*, Adjektive wie in *bitterböse* und *leichtfertig, halbamtlich* und *naßkalt*, Adverbien wie in *allzuselten* und *nichtöffentlich*, Pronomen wie in *ichsüchtig* und *alljährlich* und schließlich auch Verben wie in *gebefreudig* und *lernbegierig*. Sie alle werden selbstverständlich zusammengeschrieben, außer in wenigen Fällen, die manchen Benutzer irritieren. Man vergleiche

(12) *Die Versammlung ist nicht öffentlich* und (13) *Dies ist eine nichtöffentliche Versammlung,* (14) *Mein Bruder gilt seit seinem Unfall als schwerbehindert* und (15) *Er ist trotz mehrerer Operationen noch immer schwer behindert.*

Warum schreibt man in Satz (12) *nicht öffentlich* getrennt, in Satz (13) *nichtöffentlich* zusammen? Wo liegen die Unterschiede? Zunächst bemerken wir bei lautem Lesen, daß in (12) beide Teile, *nicht* und *öffentlich* betont sind, in (13) der Hauptakzent auf *nicht-* liegt. Das entspricht der Regel, daß Komposita immer auf dem ersten Glied betont werden. Wichtiger ist aber der syntaktische Unterschied, in (12) wird *öffentlich* prädikativ gebraucht und *nicht* fungiert als (selbständige) Satznegation, d. h. es negiert die ganze Aussage. Man könnte auch sagen:

(16) *Die Versammlung findet nicht öffentlich statt.*

In (13) dagegen fehlt eine solche verbale Prädikation, *nicht* wird als Negationspartikel inkorporiert, es wird funktionsgleich wie die Negationspräfixe *un-* oder *a-* in *undeutlich* und *amoralisch* gebraucht. Man kann also nicht sagen, das Wort würde (unlogischerweise) einmal zusammen, einmal getrennt geschrieben. Vielmehr muß man sagen: es gibt ein Kompositum *nichtöffentlich*, das attributiv gebraucht wird, und es gibt die Wörter *nicht* und *öffentlich*, die prädikativ nebeneinander stehen können. Soweit die Analyse einer oft mißverstandenen Regel. Auf einem anderen Blatt steht manchmal die Praxis. Je stärker das Kompositum lexikalisiert wird, um so leichter kann es auch prädikativ gebraucht werden.

Bevor wir dies bewerten, seien noch die Sätze (14) und (15) erläutert. In beiden liegt prädikativer Gebrauch vor, und dennoch steht in (14) das Kompositum *schwerbehindert*. Diesmal geht es wieder um eine vertraute, eine semantische Differenzierung. Dieses Adjektiv hat eine spezifische Bedeutung, die auch in der Substantivierung *der/die Schwerbehinderte* mit weiteren Komposita wie *Schwerbehindertengesetz*, *Schwerbehindertenausweis* erkennbar ist. Nur wer nach ärztlichem Befund und dessen behördlicher Anerkennung bestimmte, meßbare Behinderungen aufweist, gilt als *schwerbehindert* und kommt in den Genuß von arbeitsrechtlichen, steuerlichen und anderen Vorteilen. Ob er subjektiv und objektiv *schwer behindert* ist, steht auf einem anderen Blatt. In diesem Fall hat sich eine ganze Wortfamilie um das adjektivische Kompositum gebildet. Nach langem Ringen haben auch die behördlich beauftragten Rechtschreibreformer die anfängliche Streichung des Wortes revidiert.

10.4 Getrennt und zusammen – ein Fazit

Liest man in älteren Büchern aus dem 18. oder 19. Jahrhundert, so findet man überraschend viele Wörter getrennt, die für uns heute selbstverständlich zusammengeschrieben werden. Zunehmende Zusammenschreibung ist eine Tendenz des Schreibgebrauchs, die schon Konrad Duden beobachtet und in seinem «Orthographischen Wörterbuch» dokumentiert hat. Sie unterliegt jedoch keineswegs der Willkür, sondern folgt bestimmten Mustern der Univerbierung und der Inkorporation, mit deren Hilfe unser Wortschatz im aktuellen Gebrauch erweitert wird. Offenbar besteht ein erhöhter Wortbedarf, der aus der Spezialisierung des Wissens, der Globalisierung und der Intensivierung der Kommunikation erwächst. Dafür gibt es weitere Indizien: die schnelle Vermehrung des Fremdwortschatzes und das Anwachsen phraseologischer Einheiten, mit denen wir uns im Kapitel ‹groß oder klein?› befaßt haben. Wörterbuchredaktionen sehen sich verpflichtet, diesen wachsenden Bestand zu sammeln und in regelmäßig aktualisierten Auflagen zu dokumentieren. So läßt sich auch erklären, daß die Duden-Redaktion (bis 1989 in einer Ost- und einer Westausgabe) den Bereich der Getrennt- und Zusammenschreibung so eingehend geregelt hat, zu eingehend, wie viele heute meinen.

Der Versuch einer Vereinfachung und (scheinbaren) Systematisierung in einer Rechtschreibreform ist an zwei elementaren Fehlern gescheitert: der Illusion, man könne eine Sprachentwicklung (zu vermehrter Zusammenschreibung) durch eine behördliche Verordnung rückgängig machen und in die gegenteilige Richtung lenken und man könne das Bedürfnis, vollzogene Differenzierungen des Sprachgebrauchs auch in der Schreibung wiederzugeben, unterdrücken. Die Ergebnisse führten u. a. zur Eliminierung vieler hundert Wörter aus den Wörterbüchern. Das wurde als Sakrileg gegen die Sprache empfunden. In einem Punkt blieben die Reformer der Tradition des Duden treu, in dem Bestreben, möglichst viel verbindlich zu regeln. Dies ist ihr dritter Fehler. Wir wissen heute, wie langsam viele Prozesse der Wortbildung zu lexikalisierten Resultaten führen. Dies muß sich in der Zulassung von Varianten niederschlagen. Außerdem haben wir gesehen, daß es in vielen Fällen auf die Ausdrucksabsicht des Schreibers ankommt, auch hier muß Spielraum bleiben. Vor allem aber dürfen Schüler nicht mit Quisquilien malträtiert werden, die in die Schwankungsbreite sinnvollen Ermessens gehören. Für die Schreibprogramme in Computern sind Standardschreibungen vorzusehen, die sich am häufigsten Schreibgebrauch orientieren. Aber nicht alles läßt sich mechanisch regeln. Ein menschliches Textverständnis bleibt unentbehrlich für sinnbezogene Schreibung.

11. Fremdwörter – fremde Wörter?

11.1 Übersicht

Woran erkennt man eigentlich Fremdwörter? Was macht ihre Fremdheit aus? Ist es ihr seltener Gebrauch, ihre besondere Bedeutung, schwierige Aussprache, Flexion, Schreibung? Bei manchen, aber nur wenigen Wörtern kommt alles zusammen, z. B. bei *Xylophon* oder *Hypertonie*. Musiker und Blutdruckpatienten sehen das aber sicher anders. Denn Fachwörter sind den Fachleuten selbstverständlich geläufig. Die meisten Fremdwörter gehören jedoch zum Gemeinwortschatz, viele zum Kernbereich, ohne den unsere Verständigung sehr schwer würde. Das bestätigt auch ein kurzer Blick in einsprachige deutsche Wörterbücher. Fremdwörter sind ein fester, unverzichtbarer Bestandteil des Deutschen. Vor allem in einem Bereich lebt jedoch die Fremdheit der meisten Fremdwörter fort, in der Orthographie. Wir erkennen Wörter griechischer Herkunft an den Zeichen ph, rh, th (*Philosoph, Rhythmus, Theater*), am ch im Wortanfang (*christlich*) und am Buchstaben y, der in einheimischen Wörtern gar nicht vorkommt. Ähnliches gilt für die Entlehnungen aus dem Lateinischen, Französischen und Englischen. Lateinische Lehnwörter erkennt man vor allem am Buchstaben v (*privat, Universität*), der Aussprache /ts/ in Wörtern wie *Nation, Funktion, Patient*, französische an den Nasalvokalen (*Saison, Genre, Restaurant, Pointe, Parfum*) und vielen spezifischen Schreibungen wie in *Feuilleton, Ingenieur, Journalist, Niveau*. Nur ein kleiner Teil der sog. Gallizismen wurde orthographisch integriert wie *Perücke* (frz. *perruque*), *Marsch* (frz. *marche*), *möblieren* (frz. *meubler*). Und was das Englische betrifft, so folgen wir heute fast sklavisch der englischen Schreibung. Nur während der Hochzeit des Fremdwortpurismus in Deutschland, im ausgehenden 19. Jahrhundert, wurden wenige integrierte Schreibungen üblich wie z. B. *Streik* (engl. *strike*).

Was läßt sich aus diesem Befund erschließen? Die Deutschen bringen ihre besondere Wertschätzung gegenüber Fremdem auch in der Beibehaltung von Aussprache und Schreibung entlehnter Wörter zum Ausdruck. Dies geht so weit, daß die Gebildeten unter ihnen darauf bestehen, Wörter wie *Anarchie, Oligarchie, Hierarchie* am Silbenende nur so zu trennen, daß der Bestandteil *-archie* der altgriechischen Wortbildung erhalten bleibt. Dies alles ist Teil unseres Sprachbewußtseins, an dem nicht zu rütteln ist. Ein Blick in die Orthographien benachbarter Sprachen zeigt dagegen: die meisten gehen mit den orthographischen Hinterlassenschaften der Antike weniger behutsam um – mit Ausnahme des Englischen und Französischen. Das illustriert ein exemplarischer Vergleich von drei international bekannten Wörtern griechischer Herkunft in 30 europäischen Sprachen: *Philosoph, Athlet, Rhythmus* haben nur im Französischen und Englischen ihre charakteristischen graphischen Merkmale bewahrt (franz. *philosophe, athlète, rythme*, engl. *philosoph, athlete, rhythm),* in allen übrigen Sprachen sind ph, th und rh durch f, t, r ersetzt, z. B. in schwedisch *filosof, atlet, rytme*, italienisch *filosofo, atleta, ritmo* und polnisch *filozof, atleta, rytm*.[80] Muß man deshalb all diesen europäischen Sprachgesellschaften mangelnden Respekt vor dem antiken Erbe vorwerfen? Wohl kaum. Hier geht es nur um Traditionen der Rechtschreibung, die offenbar in diesem Block der größten europäischen Sprachen mit lateinischem Alphabet zu einem gleichen Resultat geführt haben, der Bewahrung der Schreibtradition des Humanismus, der Meidung von Schreibreformen. Das Deutsche befindet sich hier in guter Gesellschaft.

11.2 *Integration*

Was ist Integration? Wir wollen diesen Begriff und diesen orthographischen Sachverhalt noch etwas näher beleuchten. Heute ist ‹Integration› ein Schlagwort, wenn es um Zuwanderer, Asylanten, Spätaussiedler geht. Wie steht es um ihre Anpassung an die Lebensformen des Gastlandes, ihre Teilhabe am öffentlichen Leben? Isolieren sie sich in Gruppen ihres Heimatlandes oder werden sie von uns ausgeschlossen? Zu den Fremdwörtern gibt es hier gewisse Parallelen. Allerdings können wir sie nicht wie die Gastarbeiter verantwortlich machen, ihr Schicksal liegt ganz in unserer Hand. Wir holen sie aus fremden Sprachen, weil sie uns gefallen oder weil wir sie benötigen, und wir benutzen sie, solange wir wollen. Daraus kann ein Dauergastrecht werden, sobald sie einen festen Platz im Lexikon der deutschen Sprache eingenommen haben. Manche, die ältesten unter ihnen, sind gar nicht mehr als fremd erkennbar. Sie haben die Schicksale deutscher Sprachgeschichte miterlebt und wurden von ihnen geformt. So wurde aus lateinisch *planta* unsere *Pflanze*, aus *magister* der *Meister* und aus dem *vinum* deutscher *Wein*. Es waren die althochdeutsche Lautverschiebung, die mittelhochdeutsche Kontraktion sowie die frühneuhochdeutsche Diphthongierung, welche diesen Wörtern ein so einheimisches Aussehen verliehen haben.[81] Jüngere Entlehnungen dagegen haben die Merkmale ihrer Herkunft in Lautung und Schreibung bis heute bewahrt. Das gilt sowohl für die zahlreichen eben genannten Latinismen und Gräzismen aus der langen Periode humanistischer deutsch-lateinischer Zweisprachigkeit, es gilt für die meisten französischen und italienischen Entlehnungen des 17. bis 19. Jahrhunderts, vor allem aber für fast sämtliche Anglizismen, die wir seit der Mitte des 19. Jahrhunderts entlehnt haben. Man denke an die Nasalvokale in *Restaurant* und *Parfum*, an schwierige Schreibungen wie *Feuilleton* und *Portemonnaie*. Wörter wie *Cello* und *Adagio*, *Ghetto* und *Giro*, *Gnocchi* und *Makkaroni* erinnern bis heute an die verschiedenen Phasen deutsch-italienischer Sprach- und Kulturkontakte.

Schon im Barockzeitalter, als die Entlehnungslust der Deutschen besonders um sich griff, gab es deshalb Bemühungen, den Umgang mit Fremdwörtern zu erleichtern. Zwei Methoden wurden dafür angewandt: Ersatz durch eine deutsche Nachbildung, die radikalpuristische Variante, oder Ersatz der fremden Schreibungen. So gelangen dem Barockdichter Philipp von Zesen z. B. Eindeutschungen wie *Anschrift* (für *Adresse*), *Bücherei* (für *Bibliothek*), *Leidenschaft* (für *Passion*). Demonstrativ schrieb er seinen Vornamen jetzt mit f (*Filip von Zesen*). Dies fand keine Nachfolge. Nur in wenigen geläufigen Wörtern wie *Fotografie* (für *Photographie*) und *Telefon* (für *Telephon*) setzte sich seit den 80er Jahren des vorigen Jahrhunderts die f-Schreibung durch und wurde im Zuge der Reform auf andere Wörter dieser Wortfamilie ausgedehnt. Die Tilgung des h in *Spaghetti* und *Ghetto* (im Italienischen ein Hilfszeichen, das die frikative Aussprache des g verhindert) ist jedoch umstritten. Es wird heute geltend gemacht, angesichts der internationalen Kommunikation sei eine orthographische Anpassung von Entlehnungen an die aufnehmende Sprache anachronistisch. Vergleichen wir aber einmal, wie englisch *beefsteak* in anderen europäischen Sprachen geschrieben wird: französisch *bifsteck,* niederländisch *biefstuk,* schwedisch *biffstek,* italienisch *bistecca.* Auch das Deutsche hat viele fremde Graphien des Französischen ersetzt, z. B. in *Allianz* (frz. *alliance), Affäre* (frz. *affaire), Krawatte* (frz. *cravate).*[82] Eine andere, unscheinbarere Form der graphischen Integration ist die sog. ‹Leseaussprache›. Danach wird die Schreibung eines Fremdwortes behandelt wie ein einheimisches Wort, d. h. nach den einheimischen Regeln der Laut-Buchstaben-Beziehung ausgesprochen. Auch so verschwindet die Fremdheit, z. B. die Nasalvokale in *Attentat,* (frz. [atātā]. Ähnlich erging es engl. *bunker* und *tanker,* deren ‹u› und ‹a› jetzt ‹deutsch› wie /u/ und /a/ gesprochen werden. Dies sind jedoch eher Ausnahmen aus Zeiten unbefangenen Umgangs mit Entlehnungen. Heute rümpfen manche die Nase, wenn die Nachbarin *Delicius-Äpfel* (für *Golden Delicious*) einkauft. Wir stellen fest, so unverzichtbar, so vertraut Tausende von Fremdwörtern den meisten Deutschen sind, in der Schreibung schleppen sie ihre Fremdheit mit sich herum. Und es gilt als unschicklich, sie davon befreien zu wollen.

Ein anderer Aspekt der Integration betrifft die Großschreibung und die Zusammenschreibung von fremdsprachigen Phraseologismen. Es geht um Ausdrücke wie *High society, Dolce vita, Ultima ratio, Eau de toilette.* Für sie gab es immer zwei Schreibmöglichkeiten: original wie in der Herkunftssprache oder sanft integriert mit Großschreibung des ersten Wortes. Damit war klargemacht, daß es sich um einen substantivischen Ausdruck handelt, ganz ähnlich wie im Deutschen der *Inoffizielle Mitarbeiter, das Schwarze Brett, die Erste Hilfe* (s. oben Kapitel 9.6). Der Schreibgebrauch war hier unterschiedlich fest. Lateinische und französische Ausdrücke hatten eine stabile Form gefunden, so wie es die Beispiele illustrieren. Bei den viel jüngeren englischen Entlehnungen schwankte die Schreibung oftmals. Das dokumentiert umfassend das dreibändige Anglizismenwörterbuch (1993 – 1996), z. B. in *Big Business, Big business, big business, Big-Band, Big Band, Bigband* (S. 116, 119). Die Rechtschreibreform versuchte hier eine Vereinheitlichung, die weitgehend dem bisherigen Usus widersprach: Zusammenschreibung wie z. B. in *Newage* und *Desktoppublishing* (gemeint sind *New Age* und *Desktop-Publishing*) oder Großschreibung auch des zweiten Elements wie in *Lapsus Linguae, Eau de Toilette.* Beide Lösungen werden in den Hausorthographien großer Zeitungen abgelehnt. Sie sind gewaltsam und schaffen nur neue Probleme der Worterkennung bzw. der Wortschreibung, und sie erzeugen einen Zwang, auch Neuentlehnungen in dieses Prokrustesbett zu pressen. Man sieht, die Fremdwortintegration ist ein gefährliches Pflaster, von dem sich Rechtschreibregulierer fernhalten sollten.

12. Wie trennt man Wörter verständlich?

Dies ist eigentlich kein Thema der Rechtschreibung, deshalb findet man darüber auch nichts in den meisten Wörterbüchern europäischer Sprachen, auch nicht in den zweisprachigen deutschen Wörterbüchern. Es ist seit langem eine Domäne des Duden und seiner Konkurrenten. Dort sind die erlaubten bzw. empfohlenen Trennstellen durch einen Strich markiert, andere Wörterbücher wie z. B. Wahrig (2002) bevorzugen einen Punkt. Im jüngsten Duden gibt es schwarze und rote Striche, letztere für neu eingeführte Trennstellen. Hatte man bisher z. B. bei *Industrie* nur zwei Möglichkeiten (*In-du-strie*), so stehen jetzt doppelt so viele zur Verfügung (*In-du-s-t-rie*). Eine Bereicherung? Was ist der Grund für diese Änderung, was überhaupt ist der Sinn der Worttrennung am Zeilenende? Wer eigentlich benötigt diese Vorschriften? Auf die letzte Frage könnte man antworten: Software-Entwickler für Rechtschreibprogramme. Denn heute grübelt niemand mehr, wenn er beim Schreiben am Ende einer Zeile angekommen ist: wie trenne ich ein Wort, das nicht mehr hinpaßt? Es war auch niemals ein Schülerproblem. Schließlich ist es nicht verboten, einfach zur neuen Zeile zu wechseln. Sparen müssen bloß die Buch- und Zeitungsdrucker, weil jeder ungenutzte Platz zusätzliche Papierkosten verursacht, besonders bei den Zeitungen mit ihren hohen Auflagen. Hinzu kommt, daß gerade sie mit ihren schmalen Spalten viele Wörter trennen müssen. Waren sie etwa die treibende Kraft der Trennstellenvermehrung? Keineswegs. Denn sie wurden gar nicht gefragt. Drucker, Verleger, Autoren haben das Ergebnis erst aus den reformierten Wörterbüchern erfahren und sich in der Praxis meist ablehnend gezeigt. Denn auch auf diesem Gebiet gibt es Traditionen und Lesegewohnheiten. Sie beruhen auf zwei Grundsätzen: die graphische Trennung soll einerseits einer Trennung von Silben bei langsamem Sprechen entsprechen, andererseits möglichst sinnvolle Einheiten auf beiden Zeilen hinterlassen. Trennungen wie *a-bendlich, inte-res-sant, ei-nan-der, hi-nab, vol-lenden* entsprechen dem ersten, verfehlen aber das zweite Ziel. Sie stören das Verständnis, da der Leser aus diesen abgehackten ersten Wortstücken keine sinnvolle Hypothese für die Vervollständigung des Wortes auf der nächsten Zeile bilden kann. Anders wäre dies bei folgenden Trennteilen: *abend-lich, inter-essant, ein-ander, hin-ab, voll-enden.* So wurde bisher getrennt, d. h. immer wenn die lautliche Trennung mehrere Möglichkeiten bot (z. B. *hi-nab* oder *hin-ab*), wurde jene ausgewählt, die der Wortbildung am nächsten steht. Dies nennt man morphologische Trennung. Ein Problem gab es nur bei mehrsilbigen Fremdwörtern, deren Bildung undurchsichtig ist, zumindest für jene, die die Quellsprachen der Entlehnung nicht beherrschen. Wer wußte, wie das Wort *Pädagoge* einst gebildet wurde, aus griechisch *paidós* und *ágein,* wörtlich ‹der Kinderführer›,⁸³ trennte natürlich *Päd-agoge,* obwohl es deutschen Sprechsilben widersprach. Andere haben zu Recht an solcher humanistischen Folgsamkeit gezweifelt. Das war der Ausgangspunkt der Reform. Eine lösbare Aufgabe, sollte man meinen, denn es ging um eine überschaubare Zahl meist griechischer Lehnwörter, bei denen man beide Trennungen zulassen konnte, z. B. *Hek-tar* oder *Hektar, Mem-bran* oder *Memb-ran.* Was dieses Thema überhaupt erwähnenswert macht, ist die beispielhafte Fehlorientierung dieses Reformstücks. In mühsamer linguistischer Kleinarbeit wurden Regeln für die Trennbarkeit in gesprochener Sprache entwickelt, um dem Schüler eine Hilfe beim Schreiben geben zu können. Dabei geht es doch um das lesende Erkennen, vor allem in Zeitungstexten. Aus der Dudenredaktion wurde berichtet, daß die Markierung der Worttrennung nach den neuen Regeln ein Drittel aller Kosten der Reformumstellung verursacht habe. Und in ihrem ersten 77seitigen Bericht hat die (inzwischen aufgelöste) zwischenstaatliche Kommission für deutsche Rechtschreibung allein diesem Thema 20 Seiten gewidmet. Doch noch immer dürfen wir *Ga-blung* und *knusprig, Klei-nod* und *he-ran* trennen oder spaßige Fehldeutungen wie *Kast-rat* (siehe *Studien-rat*) oder *Frust-ration* erzeugen. Aber wir müssen es nicht. Denn die Trennstellenvermehrung erlaubt noch immer die bisherige sinnvolle Trennung. Es lohnt nicht, mehr Worte darüber zu verlieren. Darum endet dieses Kapitel hier.

13. Das Komma

Satzzeichen sind tatsächlich ‹Satz-Zeichen›, sie dienen der Abgrenzung von Sätzen in einem Text und der Abbildung grammatischer Beziehungen innerhalb von Sätzen. Das erste ist sehr einfach. Uns stehen dafür die drei Satzschlußzeichen zur Verfügung: Punkt, Fragezeichen und Ausrufezeichen. Der Punkt, welcher ihnen gemeinsam ist, markiert das Ende des Satzes, die Schlinge und der Strich darüber geben zusätzliche semantische Informationen über die Satzart, d. h. über Frage, Wunsch, Ausruf. Der einfache Punkt ist den Aussagesätzen vorbehalten. Darin gleichen sich die Regeln in den meisten Alphabetschriften. (Nur die Spanier setzen das Fragezeichen an den Anfang des Satzes.)

Dagegen sind die Kommaregeln z. B. in deutscher, englischer, französischer und russischer Orthographie recht unterschiedlich. In keiner Sprache sind sie so detailliert und so eindeutig syntaktisch motiviert wie im Deutschen. In deutschen Texten soll das Komma dem Leser vor allem signalisieren, welche Wörter oder Teilsätze nebengeordnet (gereiht) bzw. einander untergeordnet sind. Sie liefern ihm ein Abbild der internen Struktur eines Satzes. Das Komma ist dagegen kein Pausenzeichen und auch kein Abbild anderer intonatorischer Erscheinungen wie Wortakzent, Rhythmisierung oder Satzmelodie.[84] Zwar gehen syntaktische Gliederung und Intonation häufig Hand in Hand, aber so unregelmäßig und mit so vielen individuellen Abweichungen, daß es unmöglich ist, daraus die richtigen Plätze für die Kommas abzuleiten. Deshalb ist dies für viele ein schwieriges Satzzeichen. Ich habe bei der Korrektur von Hausarbeiten die Beobachtung gemacht, daß die allermeisten Studenten die Grundregeln der Kommasetzung gut beherrschen. Die wenigen aber, die hier Fehler machen, bringen oft alles durcheinander: Kommas, wo sie nicht hingehören und fehlende Kommas, wo sie stehen müßten. Offenbar haben manche die Regeln niemals richtig kennengelernt. Das ist jetzt auf Grund mehrerer kompetenter Darstellungen leichter als früher.[85]

Ich möchte im folgenden nur wenige Grundregeln in verbraucherfreundlicher Form erläutern, mit denen man die häufigsten Fälle bewältigen kann. Allgemein läßt sich das Komma als ein Grenzsignal bezeichnen. Es grenzt entweder gereihte, gleichrangige Glieder voneinander ab, oder es schließt syntaktische Einheiten (an ihrem Beginn und ihrem Ende) ein und grenzt sie gegen übergeordnete Einheiten ab. Im ersten Fall tritt das Komma einzeln (als Einzelzeichen), im zweiten Fall paarig (als Doppelzeichen) auf – ähnlich wie Klammern, Parenthesestriche, Anführungszeichen. Diese Unterscheidung ist hilfreich für das Verständnis seiner Funktion. Das Einzelkomma wird bei der Reihung von Wörtern, Wortgruppen oder Sätzen gebraucht. *Cäsar kam, sah und siegte. Mit Fleiß, etwas Glück oder viel Geld kann viel gelingen.* Das Komma konkurriert hier mit reihenden Konjunktionen wie *und, oder, sowie,* d.h. diese tilgen gleichsam das Komma. (Im Englischen gilt das nicht.) Die bisherige Regelung war hier nicht konsequent. Wurden Hauptsätze gereiht und durch Konjunktion verbunden, mußte trotzdem ein Komma stehen: *Der Hund knurrte, und die Katze lauschte.* Dies wird in der Neuregelung zu Recht bereinigt, nicht nur um der Schüler willen, sondern weil es ganz einfach der Reihungsregel widersprach. Etwas verzwickt kann es bei Attributen sein: sind sie gleichrangig gereiht oder ist eines dem anderen untergeordnet? Eine beliebte Schülerfalle. *Der bekannte deutsche Fußballer* ist nicht *bekannt* und *deutsch* (Reihung), sondern *ein deutscher Fußballer, der bekannt ist* (Unterordnung). Hier hat die *und*-Probe geholfen.

Komplizierter ist das paarige, das einschließende Komma, weil nicht nur eindeutige Nebensätze durch Komma abgegrenzt werden, sondern auch weitere sogenannte ‹satzwertige› Einheiten wie Infinitivkonstruktionen und Partizipkonstruktionen (etwas undeutlich auch Infinitiv- bzw. Partizipialgruppen genannt). Der ‹erweiterte Infinitiv›, eine griffige, aber wiederum undeutliche Kennzeichnung, ist der Schrecken manches Schülers. Beginnen wir bei den einfachen und den allerhäufigsten Fällen, den Nebensätzen! Es gibt drei Stellungsvarianten: der Nebensatz steht am Anfang, ist in der Mitte eingeschlossen oder steht am Ende eines sogenannten Ganzsatzes, d.h. einer abgeschlossenen syntaktischen Konstruktion, wie in den Sätzen (1) bis (3).

(1) Während die Sonne schien, brach ein heftiger Sturm aus.
(2) Da brach, während die Sonne schien, ein heftiger Sturm aus.
(3) Ein heftiger Sturm brach aus, während die Sonne schien.

Diese trivialen Beispiele sollen zweierlei illustrieren: den Platz des Kommas und sein Verhältnis zum Schlußzeichen. Der Platz ist immer die Stelle, wo der untergeordnete Satz beginnt und wo er endet, hier also vor der einleitenden Konjunktion *während* und hinter dem finiten Verb *schien*. Die allermeisten Nebensätze sind übrigens wie hier an zwei äußeren Merkmalen erkennbar: sie beginnen mit einer Konjunktion oder einem Relativpronomen und enden mit einem finiten Verb. Wo aber ist in Satz (1) und (3) die Paarigkeit, das doppelte Komma? Es wird durch die Markierung des Satzbeginns (Großschreibung) bzw. des Satzendes (Punkt) ersetzt. Eine umständliche Erklärung? Ich meine, nicht umständlicher als unsere Syntax, die so viele Stellungen von untergeordneten Sätzen zuläßt. Der wichtige Kern dieser Grundregel ist das Prinzip, Nebensätze und nebensatzähnliche Konstruktionen durch Komma einzuschließen, z. B. auch dann, wenn der Satz wie in (4) weitergeht.

(4) Ein heftiger Sturm brach aus, während die Sonne schien, und es donnerte von ferne.

Warum nun wird diese Kommaregel auch auf Infinitiv- und Partizipialkonstruktionen angewandt? Weil sie im Grunde verkürzte Nebensätze darstellen. Beginnen wir bei den Infinitiven z. B. in Satz (5)!

(5) Der Fahrer fuhr nach dem Unfall weiter, ohne sich um den Verletzten zu kümmern.

Was macht diesen ‹erweiterten› Infinitiv (nach bisheriger Auffassung) zu einer satzwertigen Konstruktion? Die ‹Erweiterung› *um den Verletzten*. Sie ist nichts anderes als das präpositionale Objekt zum Verb *sich kümmern*. Was hier fehlt, ist das Subjekt. Es konnte wegfallen, weil es mit dem Subjekt des übergeordneten Satzes identisch ist. Eigentlich haben wir hier zwei Sätze vor uns:

(5a) *Der Fahrer fuhr nach dem Unfall weiter.* – (5b) *Der Fahrer kümmerte sich nicht um den Verletzten.* Sie sind in (5) hypotaktisch verbunden. Das zeigt auch die Konjunktion *ohne* an (*ohne... zu, statt... zu, um... zu* gelten wegen ihrer Verbindung mit Infinitiven als Infinitivkonjunktionen).

Das Gegenstück zum ‹erweiterten› Infinitiv mit Komma (6) ist der nicht erweiterte Infinitiv ohne Komma wie in Satz (7).

(6) *Vergiß nicht, mich anzurufen!* (7) *Vergiß nicht anzurufen.*

Man kann aber darüber streiten, warum in (7) ein Komma falsch ist. Denn es liegt die gleiche Umformung eines Satzes vor: bei (6) *Ruf mich an!*, bei (7) *Ruf an!* Der Unterschied liegt bloß in der Länge. Ein Komma ist in (7) allenfalls überflüssig, und zwar deshalb, weil eine Abgrenzung der Infinitivkonstruktion, die nur aus dem einzigen Wort *anzurufen* besteht, unnötig ist. Strukturell aber erfüllt auch diese Verbform die Bedingung der Satzwertigkeit.

Wichtiger ist es, andere Konstruktionen mit Infinitiv und *zu* von der Kommatierung auszuschließen. So haben z. B. die Verben *versprechen* und *drohen* in Satz (8) und (9) eine unterschiedliche Bedeutung:

(8) *Er versprach, das Geld zu überweisen. Er drohte, nie mehr wiederzukommen.*
(9) *Das Wetter versprach besser zu werden. Das Boot drohte unterzugehen.*

In (9) wird mit *versprach* und *drohte* eine Modalität des Hauptverbs ausgedrückt, denn im wörtlichen Sinne kann weder das Wetter *etwas versprechen* noch das Boot *drohen*. Diese Verben begründen also gar keine eigene satzwertige Einheit. Einen anderen Fall zeigt der Vergleich von Satz (10) und (11):

(10) *Sie haben in das Gebäude einzudringen versucht.*
(11) *Sie haben versucht, in das Gebäude einzudringen.*

Beide Sätze sind bedeutungsgleich, nur in (10) verschwindet die Infinitivkonstruktion im verbalen Rahmen von *haben* und *versucht*. Sie ist in diese Prädikation integriert und verliert damit ihre Satzwertigkeit. Genug! Die Beispiele zeigen, es geht beim paarigen Komma darum, verkürzte Sätze abzugrenzen und dadurch für den Leser leichter sichtbar zu machen. Allerdings haben die bisherigen Regeln die syntaktischen Sachverhalte recht unzureichend dargestellt[86] und überdies die Grundregeln mit so vielen Ausnahmen überfrachtet, daß bei der Reform eine Radikalkur versucht wurde: die weitgehende Freigabe beim Infinitiv mit *zu*. Von dieser Lizenz machen jedoch die meisten Zeitungen keinen Gebrauch, was ja zulässig ist. Dagegen haben viele Kinderbuchverlage die Befreiung vom Komma ausgerufen, womit sie die jungen Leser vollends verunsichern. Wie hatte man glauben können, daß ohne Richtschnur ein sinnvoller individueller Gebrauch zustande kommt? Eine Revision steht bevor.

Ganz ähnlich wie die Infinitive werden die Partizipialkonstruktionen behandelt. Auch sie sind infinite Verbformen (Partizip Präsens bzw. Perfekt), die ‹erweitert› werden können durch eine Adverbialangabe oder ein Objekt. Auch sie können vor einem Bezugswort stehen (12), dahinter (13) oder eingeschoben in einen Satz (14). Außer Partizipien können auch Adjektive eine syntaktische Gruppe bilden, wenn sie ähnliche Bindungen eröffnen wie Verben. Beispiele dazu sind mit Querstrich aufgenommen.

(12) *Bibbernd vor Kälte / krank vor Eifersucht, betrat er das Haus.*
(13) *Er verließ die Klinik, gut erholt von seiner Krankheit / gesund wie nie zuvor.*
(14) *Sie kamen, leicht verspätet und schon etwas angeheitert, zu dem vereinbarten Treffen.*

Schon immer gab es hier einigen Spielraum im Einsatz des Kommas. Entscheidend ist letztlich, ob die Abgrenzung durch Kommas dem Leseverständnis dient. Das gilt auch für Appositionen, Parenthesen, Anreden, Herausstellungen, die ich im folgenden nur durch einige geflügelte Worte aus Schillers Werken illustriere: *Freude, schöner Götterfunken, seid umschlungen, Millionen!* (An die Freude), *Arm in Arm mit dir, so fordr' ich mein Jahrhundert in die Schranken* (Don

Carlos), *Sire, geben Sie Gedankenfreiheit!* (Don Carlos), *Den Dank, Dame, begehr' ich nicht.* (Handschuh), *Ach, die Gattin ist's, die teure* (Lied von der Glocke), *Die Treue, sie ist doch kein leerer Wahn* (Bürgschaft), *Ich sei, gewährt mir die Bitte, in Eurem Bunde der Dritte!* (Bürgschaft).

Hier schließe ich eine Erfahrung und eine Empfehlung an: es ist frustrierend, ausführliche Regeln mit zahllosen Beispielen zu lesen, aber es kann vergnüglich sein, den Gebrauch des Kommas bei den Klassikern von Lessing bis Grass zu studieren. Sie zeigen uns zuverlässig und kreativ, wie die Satzzeichen Stil und Grammatik unterstützen und sichtbar machen.

14. Charakteristik der deutschen Orthographie

Drei wesentliche Bedingungen haben die deutsche Orthographie in ihrer Geschichte geprägt und ihre heutige Gestalt bestimmt. Die erste ist allgemeiner Natur und gilt für alle Schriftsysteme, kommt aber bei jedem in anderer Weise zur Geltung: die Konservativität von Schriftkulturen und Schriftnormen. Die zweite Bedingung beruht auf dem Typus der Alphabetschrift, der Adaption eines sprachfremden Schriftsystems und seiner Anpassung an den Wandel gesprochener deutscher Sprache. Als drittes nenne ich die leserbezogene Ausrichtung einer ‹Lautschrift› auf alle Sprachebenen seit der Medienrevolution des 16. Jahrhunderts – eine Entwicklung, die alle Latein-basierten Orthographien erfaßt hat, aber jeweils in sprachspezifischer Form. Man kann diese Prägung in drei Worte fassen: adaptiert, gewachsen und geformt.

14.1 Konservative Schriftkultur

Konservativ – das heißt ‹beharrend›, ‹am Bestehenden festhaltend›, ‹Bekanntes tradierend› – dies ist ein bestimmender Zug in der Geschichte aller Schriftsysteme, auch unseres Alphabets, das wir das lateinische nennen, weil seine Zeichen, die Majuskeln wie die Minuskeln, ihre noch heute übliche Form, ihre Anzahl, ihre Reihung und ihre Lautbezüge in der lateinischen Schriftkultur des Römischen Reiches erhalten haben. Von der römisch-katholischen Kirche der Spätantike und des Mittelalters ist dieses Alphabet an viele Völker anderer Sprachen tradiert worden. Ihre Adaptionsgeschichte ist jeweils Teil ihrer Orthographie. Damit wiederholte sich gleichsam die vorausgegangene Ausbreitung der griechischen Schrift im Mittelmeerraum und in angrenzenden Ländern. Griechisch schreiben heute nur noch die Griechen, dank der Tradition der griechisch-orthodoxen Kirche. Das größere Erbe der byzantinischen Schriftkultur haben die Völker im Geltungsbereich der orthodoxen Kirche mit der kyrillischen Schrift angetreten. Die Grenze der ehemaligen Ost- und Westkirche durchzieht Europa als Grenze der lateinischen und kyrillischen Schrift von der Ukraine bis Serbien und Bulgarien. Religion und Schriftkultur sind ein häufig verbundenes Paar der Kulturgeschichte.[87]

Außer der Erbschaft der Schrift haben sich in heutiger deutscher Rechtschreibung auch einige charakteristische Züge lateinischer Laut-Buchstaben-Beziehung erhalten. Ich nenne drei Beispiele: Die Zeichen ph, th und ch in *Philosoph, Theologie, Christus* erklären sich aus der langen Entlehnungsgeschichte dieser Wörter, vom Griechischen ins Lateinische und vom klassischen Latein der Humanisten ins Deutsche. Ursprünglich bezeichneten die griechischen Zeichen φ (phi), θ (theta) und χ (chi) stimmlose Verschlußlaute mit einer folgenden Behauchung (Aspiration). Dies gaben römische Schreiber griechischer Lehnwörter seit dem 2. vorchristlichen Jahrhundert mit den Kombinationszeichen ph, th und ch wieder. Und dabei blieb es, obwohl im hellenistischen Griechisch aus den Verschlußlauten längst Reibelaute entstanden waren. Dem entspricht unsere Aussprache von ph als f. Die Humanisten haben diese Tradition der Verschriftung griechischer Wörter getreulich aufgenommen, und zwar nicht nur im Deutschen, sondern auch im Englischen und Französischen. Eine ähnliche Adaption erfuhr das griechische 'ρ (rho mit spiritus asper) in Wörtern wie *Rhythmus, Rheuma, Rhetorik*.[88] Noch komplizierter ist die Geschichte der Zeichenverbindung <qu> für /k/+/v/ z.B. in *Quelle, quer, Qualität*. Sie beruht auf dem lateinischen Usus, das Zeichen <q> nur in Verbindung mit <u> zu verwenden (z.B. in *quis, quo, quando*), schon damals eine Unregelmäßigkeit, die auf etruskischer Herkunft beruht und letztlich auf die Konkurrenz von griechisch Qoppa und Kappa sowie deren phönizisches Vorbild zurückgeht.[89] Auch diese Eigenheit hat sich in vielen modernen Orthographien europäischer Sprachen erhalten.

Angesichts solcher Kontinuität kann es nicht verwundern, daß eine Sprachgemeinschaft an eigenen Zeichen wie ß, den Umlautzeichen ä, ö, ü, den sprachspezifischen Mehrfachzeichen ch, ck, ng, sch, der Stammschreibung mit ä und äu, der Substantivgroßschreibung und vielen anderen vertrauten Regeln festhält. Seit dem Einsatz von Jacob Grimm für die Antiquaschrift zu Beginn des 19. Jahrhunderts dauerten die Auseinandersetzungen um die Beseitigung der Zweischriftigkeit (Antiqua und Fraktur) im Deutschen an, bis unerwarteterweise, mitten im Zweiten Weltkrieg, der ‹Führer› die Abschaffung von Fraktur und Sütterlin verordnete. Solche diktatorischen Eingriffe sind selten und nicht nachahmenswert.

Die Konservativität der Schrift ist im übrigen auch ganz wörtlich zu nehmen. In ihr werden die geschriebenen Zeugnisse früherer Kulturen und Sprachen konserviert. Sie sind so lange zugänglich, wie die betreffenden Schriften bekannt sind oder rekonstruiert werden können. So hat die Kontinuität der lateinischen Schrift eine außerordentliche historische Traditionstiefe geschaffen, durch die der Untergang des Lateinischen als lebende Sprache wettgemacht wurde. Darin wird die Autonomie von Schriftsprachen sichtbar. Sie leben fort, auch ohne daß ein einziger Sprecher sich ihrer als gesprochener Sprache bedient. Wenn dies trotzdem, z. B. vorlesend geschieht, dann folgt die Aussprache oft den orthographischen Regeln der Muttersprache des Sprechers. Wer einmal Engländer hat Latein sprechen hören, wird dies bestätigen. Wie man die Texte klassischer Sprachen sprechen soll, ist überhaupt strittig. Wir schöpfen dennoch bis heute aus der (alt)griechischen Literatur. Altgriechisch und Hebräisch sind noch immer Pflichtsprachen der Theologen, damit sie Neues und Altes Testament im Original lesen können. Manchmal schafft solche Konservierung sogar die Voraussetzung für eine echte Wiederbelebung als gesprochene Sprache, z.B. im Iwrit des Staates Israel oder im Latein der römisch-katholischen Kirche.

Die Autonomie der Schriftsprache ist auch ein Alltagsphänomen, wenn wir Texte fremder Sprachen lesen, obwohl wir schon fast vergessen haben, sie zu sprechen und sie kaum verstehen, wenn wir sie hören. Das Leseverstehen (im Gegensatz zum Hörverstehen) ist die verbreitetste Form rezeptiver Fremdsprachenbeherrschung. Es wird ganz zu Unrecht als eine ‹passive Sprachbeherrschung› bezeichnet, ist doch die Aktivierung des Sprachwissens einer fremden Sprache aus dem eigenen Gedächtnis (mit der möglichen Unterstützung durch ein Wörterbuch) ein sehr aktiver Vorgang. Er stellt höhere Ansprüche an den Sprachbenutzer als die Fähigkeit, im Ausland nach dem Weg zu fragen oder mit Gästen einen Smalltalk zu führen. Die Autonomie geschriebener Sprachen wird durch die Verbreitung der Internet-Kommunikation erst richtig zur Entfaltung kommen. Auch die schwierigste Orthographie im lateinischen Alphabet, die englische, ist dabei kein Hindernis.

Wir resümieren: In der Konservativität aller Schriftsysteme kommt die Grundbedingung schriftlicher Kommunikation zum Ausdruck, Texte zu bewahren und Verständigung über Zeiten und Räume hinweg zu überwinden. Damit verbindet sich eine Hypostasierung der Schrift als Symbol der Sprache überhaupt. Deshalb scheitern fast alle Orthographiereformen, selbst wenn ihnen die Macht von Behörden und politischer Ideologie zur Seite steht.

14.2 Lateinische Alphabetschrift und deutsche Sprache

Die Adaption der lateinischen Schriftkultur im frühen Mittelalter ist ein epochales Phänomen des Sprach- und Kulturkontakts, die Wendemarke zwischen germanischer Frühzeit und christlichem Mittelalter. Die Vertrautheit von Mönchen mit beiden Kulturen, mit den Schriftzeugnissen in spätlateinischer Sprache und mit ihrer jeweiligen germanischen Muttersprache, war die Voraussetzung dafür. Und ihr neuer Glaube schuf die Motivation für das Schreiben in fränkischer, bairischer, alemannischer, sächsischer Sprache nach dem Vorbild des Lateins christlicher Überlieferung. Wir wissen wenig darüber, wie damals das Latein gesprochen wurde, das bereits im Übergang zum sog. Vulgärlatein, den Vorstufen der modernen romanischen Sprachen, stand. Deshalb ist es nicht einfach, den genauen Lautstand der althochdeutschen und altsächsischen Texte zu ermitteln. Eines aber ist an den frühen Texten deutlich erkennbar, das Bemühen, das Lautsystem der eigenen Sprache möglichst angemessen mit den lateinischen Buchstaben auf Grund der spätlateinischen Laut-Buchstaben-Beziehungen wiederzugeben. Was dort fehlte, z.B. Zeichen für lange Vokale und lange Konsonanten und für die typischen Affrikaten der II. Lautverschiebung, mußte durch neue Buchstabenkombinationen ersetzt werden. In der Vielfalt solcher Versuche spiegelt sich auch die regionale Varianz und die fehlende Standardisierung dieser neu zu schreibenden Sprachen. Einen ähnlichen Vorgang kann man noch heute beobachten, wenn jemand beginnt, einen Text im eigenen Dialekt zu schreiben. Was damals nicht gelang, eine einheitliche Abbildung der Vokalquantität, ist bis heute ein Handicap der deutschen Rechtschreibung geblieben, das schließlich nur provisorisch mit Hilfe konkurrierender Mittel bewältigt wurde. Mit Dehnungs-h und ie für lang i trägt es wesentlich zur Eigenart unserer Schreibung bei.

Ein anderer Punkt, der hier noch einmal aufgegriffen wird, ist die schwierige Anpassung der Schreibung an den Lautwandel. Wir haben dies in Kapitel 2 als den Pferdefuß aller Alphabetschriften (im Vergleich mit Wortschriften) kennengelernt und in den folgenden Kapiteln an vielen Beispielen illustriert, wie die Schriftzeichen konstant blieben, durch den Lautwandel eine neue Interpretation erfuhren und wie schließlich diese neuen Laut-Buchstaben-Beziehungen generalisiert wurden. Hier kommt der Grundsatz der Kontinuität in Konflikt mit dem Wandel der Sprache. Man sieht gerade hieran, daß die Dauerhaftigkeit des Schriftkodes eine Grundbedingung jeder Schriftkultur ist.

Ein anderer Grundzug in der Entwicklung der Rechtschreibung ist die Funktionalisierung von Varianten, z. B. zweier s-Zeichen in *das* und *daß* und von e und ä in der Stammschreibung. Das prominenteste Beispiel dafür ist jedoch der Einsatz der Majuskeln in der Initialgroßschreibung der Substantive und Satzanfänge.

Kein Sprachwandel läßt die Rechtschreibung unberührt. Das gilt nicht nur für die schon genannten Fälle von Lautwandel von Beginn der Schriftadaption bis ins 16. Jahrhundert. Seit Beginn der neuhochdeutschen Periode ist die Standardsprache auf diesem Sektor relativ stabil, vor allem deshalb, weil sie sich an der stabilen Schriftnorm orientiert. Sprachwandel vollzieht sich seitdem in erster Linie im Wandel des Wortschatzes durch Wortbildung, Konversion, Entlehnung, Phraseologiebildung. Hier müssen Entscheidungen über ‹groß oder klein›, ‹getrennt oder zusammen› getroffen werden. Bei Entlehnungen geht es um den Grad einer Anpassung. So sind die Regeln der Rechtschreibung nicht nur Regeln des richtigen Schreibens, sondern zugleich Regeln, die Schreibung an einen gewandelten Gebrauch anzupassen, z. B. beim Verblassen von Substantiven durch Grammatikalisierung und Phraseologisierung. Das hatten die Väter der deutschen Einheitsschreibung im Jahre 1901 gut bedacht. Mit wachsender Regeldichte, wie sie in 100 Jahren Duden-Tradition entstanden ist, hat die Flexibilität dieses Regelsystems abgenommen. Der Freiraum wurde immer enger, zugleich der Normanspruch rigider. Diese unselige Tradition lebt leider auch in vielen Neuregelungen der Rechtschreibreform fort. Nicht nur hier kann man beobachten, wie schwer es ist, eine Überregulierung abzubauen. Denn die Deutschen sind Meister größter Regelungsdichte vom Steuerrecht bis zu den Verkehrsschildern. Für die künftige Pflege der Rechtschreibung und des Rechtschreibunterrichts sollten folgende Maximen gelten: Sprachangemessenheit und Verständlichkeit der Regeln, Beschränkung ihrer Geltung auf die große Mehrzahl eindeutiger Fälle, Freiraum an der Peripherie, besonders in Bereichen des Sprachwandels. Dagegen sind ‹Einfachheit› und ‹Systematik› in vielen Fällen keine geeigneten Wegweiser, der Komplexität der Sprache und dem Differenzierungsbedürfnis der Sprachbenutzer gerecht zu werden.

14.3 Haut der Sprache

Gleich zu Beginn dieser kleinen Abhandlung, im Kapitel 4, bin ich auf das doppelte Gesicht der Rechtschreibung, für die Schreiber, d.h. die Verfasser von Texten, und für die Leser, die Rezipienten, eingegangen.[90] Das soll im Rückblick noch einmal aufgegriffen werden. Ihre heutige Gestalt hat die deutsche Rechtschreibung einerseits durch die eben (in Kapitel 14.2) skizzierten Entwicklungen im Bereich der elementaren Laut-Buchstaben-Beziehungen erhalten, andererseits – vor allem seit der Medienrevolution des 16. Jahrhunderts – durch die Ausrichtung auf Morphologie, Syntax und lexikalische Semantik der deutschen Sprache. Zunächst ging es hauptsächlich darum, Sprache überhaupt aufzuzeichnen, Texte zu konservieren, dann in zunehmendem Maße auch darum, einer wachsenden Zahl von Lesern den Text möglichst eindeutig und in seiner ganzen Differenziertheit zu übermitteln. Damit gewann der Leserbezug für die Weiterentwicklung der Rechtschreibung die Oberhand. Es ist nachträglich schwierig zu rekonstruieren, wie sich konkret z.B. die Ausgestaltung der Zeichensetzung, der Stammschreibung, der Großschreibung vollzogen hat. Sicher haben die großen Druckereien dabei eine wichtige Rolle gespielt. Beispielhaft ist aber z.B. das Bemühen von Martin Luther und seiner Helfer bei der Redaktion der Bibelausgaben.[91] Die Grammatiker haben dabei nur die Rolle gespielt, den sogenannten Usus nachträglich zu kodifizieren und zu bestätigen.[92]

Wir haben in den vorausgegangenen Kapiteln gesehen, wie es gelungen ist, mit den Mitteln der Buchstabenschrift, die ja in erster Linie auf die Laute Bezug nimmt, grammatische und lexikalische Phänomene der Sprache in differenzierter Weise abzubilden. So ist auf phonographischer Basis ein Mischtyp von Verschriftung entstanden, der sehr eigenständige Züge trägt. Diese Entwicklung war gegen Ende des 18. Jahrhunderts weitgehend abgeschlossen. In dieser Rechtschreibung ist uns die gesamte klassische Literatur überliefert, danach die romantische, die realistische, die naturalistische, die expressionistische und die der Moderne. Wir kennen die Philosophie des Idealismus in dieser Rechtschreibung und die von Hegel und Marx, Nietzsche und Heidegger. Leider auch Hitlers «Mein Kampf» und die regulierte Sprache der Deutschen Demokratischen Republik. Damit möchte ich sagen: So wie diese Texte und unsere Vertrautheit mit vielen von ihnen ein Teil unserer Geschichte sind, ein Teil deutscher Identität, aus guten wie aus bösen Tagen, so ist auch diese Rechtschreibung ein Teil deutscher Sprache. Gerade ihre Eigenheiten, die im Zuge der deutschen Sprachgeschichte entstanden, sind ihre Erkennungsmerkmale. Darum paßt die Metapher gar nicht, die zuweilen für die Orthographie gebraucht wird, sie sei ‹das Kleid der Sprache›. Kleider kann man wechseln, Kleider sind zeitbedingt, Kleider sind Mode. Das eben gilt in keiner Weise für die Orthographie. Wir haben gesehen, wie unsere Rechtschreibung ihre eigene Prägung in engem Austausch mit der Entwicklung der Sprache erhalten hat. Viel besser paßt deshalb eine andere Metapher: Rechtschreibung ist die Haut der Sprache. Sie ist untrennbar mit ihr verbunden, mit ihr gewachsen und gealtert. Sie gibt darum ihre Besonderheit auf je eigene Weise wieder und ermöglicht alle Differenzierungen, die ihre Benutzer verlangen. Das macht die Eigenart jeder Orthographie aus. Keine gleicht der anderen. Es gibt keine Konfektion bei Orthographien. Man mache eine Probe, z. B. schreibe Deutsch in englischer Orthographie oder umgekehrt: *Ish leebe mine lund* statt *Ich liebe mein Land* bzw. *Ai law mei kantri* statt *I love my country*. Was für eine Verballhornung! Wegen dieser Spezifik wird die Schreibung oft für die Sprache selbst gehalten, und viele nennen die Rechtschreibreform eine Sprachreform. Denn wer die Haut der Sprache verletzt, beschädigt auch ihren Körper.

14.4 *Aufmunterung*

Auf unserem Rundgang durch den Naturpark der deutschen Rechtschreibung haben wir die Anlage im ganzen und den wichtigsten Bestand an Bäumen und Rabatten betrachtet, seine lange Geschichte an einigen Wendepunkten überschaut, aber nicht jedes Gewächs gewürdigt, das in der Fachliteratur seinen Platz hat. Denn es sollte eine Anleitung für Liebhaber sein. Doch wie man weiß, steht die Liebhaberei nahe bei der Wissenschaft und fordert wie diese Vertiefung und Mühe. Unsere Sprache und ihre Rechtschreibung sind solchen Aufwand wert.

Sonderzeichen und Abkürzungen

< > Spitze Klammern kennzeichnen die eingeschlossenen Buchstaben als Schriftzeichen
/ / Querstriche kennzeichnen die eingeschlossenen Buchstaben als Einheiten des Lautsystems (Phoneme)
[ ] Eckige Klammern kennzeichnen die eingeschlossenen Buchstaben oder Zeichen als Transkriptionszeichen für gesprochene Laute (Phone)

ahd. = althochdeutsch (ca. 750 – 1050)
engl. = englisch
frnhd. = frühneuhochdeutsch (ca. 1350 – 1650)
frz. = französisch
mhd. = mittelhochdeutsch (ca. 1050 – 1350)

Literatur

Althaus, Hans Peter (1980): Graphemik. In: Lexikon der Germanistischen Linguistik. Hrsg. von Hans Peter Althaus, Helmut Henne, Herbert Ernst Wiegand. Max Niemeyer Verlag. Tübingen, S.142–151.

Anglizismenwörterbuch. Der Einfluß des Englischen auf den deutschen Wortschatz nach 1945. Begründet von Broder Carstensen, fortgeführt von Ulrich Busse unter Mitarbeit von Regina Schmude. 3 Bände. Walter de Gruyter. Berlin, New York 1993, 1994, 1996.

Augst, Gerhard / Karl Blüml / Dieter Nerius / Horst Sitta (Hrsg.): Zur Neuregelung der deutschen Orthographie. Begründung und Kritik. Max Niemeyer Verlag. Tübingen 1997 (= RGL 179).

Back, Otto (1979): Zur Klein- und Groß-Schreibung im Deutschen. Probleme und Standpunkte. Herausgegeben vom Bundesministerium für Unterricht und Kunst. Österreichischer Bundesverlag. Wien.

Baudusch, Renate (1984): Punkt, Punkt, Komma, Strich. Regeln und Zweifelsfälle der deutschen Zeichensetzung. (2., unveränderte Auflage 1986). VEB Bibliographisches Institut Leipzig.

Behrens, Ulrike (1989): Wenn nicht alle Zeichen trügen. Interpunktion als Markierung syntaktischer Konstruktionen. Peter Lang. Frankfurt am Main u. a.

Bergmann, Rolf / Dieter Nerius (1998): Die Entwicklung der Großschreibung im Deutschen von 1500 bis 1700. 2 Bände. Universitätsverlag C. Winter. Heidelberg.

Bergmann, Rolf (1998): Das morphologische Prinzip in der Rechtschreibreform und ihrer Diskussion. Synchronisches Prinzip und historischer Schreibgebrauch bei den Umlautgraphien <ä> und <äu>. In: Sprachwissenschaft 23, S. 217–261.

Bischoff, Bernhard (1986): Paläographie des römischen Altertums und des abendländischen Mittelalters. 2., überarbeitete Auflage. Erich Schmidt Verlag. Berlin.

Brekle, Herbert E. (2001): Zur handschriftlichen und typographischen Geschichte der Buchstabenligatur ß aus gotisch-deutschen und humanistisch-italienischen Kontexten. In: Gutenberg-Jahrbuch 2001, S.67–76.

Brenner, Oskar (1902): Die lautlichen und geschichtlichen Grundlagen unserer Schreibung. Verlag von B.G. Teubner. Leipzig.

Burger, Harald (1998): Phraseologie. Eine Einführung am Beispiel des Deutschen. Erich Schmidt Verlag. Berlin.

Bußmann (2002) = Lexikon der Sprachwissenschaft. Hrsg. von Hadumod

Bußmann. 3., aktualisierte und erweiterte Auflage. Alfred Kröner Verlag. Stuttgart 2002.

Carney, Edward (1994): A Survey of English Spelling. Routledge. London, New York.

Deutsche Rechtschreibung (1992): Vorschläge zu ihrer Neuregelung. Hrsg. vom Internationalen Arbeitskreis für Orthographie. Gunter Narr Verlag. Tübingen.

Deutsche Rechtschreibung (1996): Regeln und Wörterverzeichnis. Text der amtlichen Regelung. Gunter Narr Verlag. Tübingen.

Deutsches Wörterbuch von Jacob Grimm und Wilhelm Grimm. XVI Bände. Verlag von S. Hirzel. Leipzig 1854–1954. Nachdruck in 33 Bänden. Deutscher Taschenbuch Verlag. München 1984.

Diewald, Gabriele (1997): Grammatikalisierung. Eine Einführung in Sein und Werden grammatischer Formen. Max Niemeyer Verlag. Tübingen.

Duden, Konrad (1880): Vollständiges Orthographisches Wörterbuch der deutschen Sprache. Nach den neuen preußischen und bayerischen Regeln. Verlag des Bibliographischen Instituts. Leipzig. Faksimile der Originalausgabe von 1880. Bibliographisches Institut AG. Mannheim 1980.

Duden (1985) = Der Große Duden. Wörterbuch und Leitfaden der deutschen Rechtschreibung. VEB Bibliographisches Institut Leipzig 1985.

Duden (1991) = Duden. Rechtschreibung der deutschen Sprache. 20., völlig neu bearbeitete und erweiterte Auflage. Herausgegeben von der Dudenredaktion. Auf der Grundlage der amtlichen Rechtschreibregeln. Dudenverlag. Mannheim u. a. 1991.

Duden (1996) = Duden. Rechtschreibung der deutschen Sprache. 21., völlig neu bearbeitete und erweiterte Auflage. Herausgegeben von der Dudenredaktion. Auf der Grundlage der neuen amtlichen Rechtschreibregeln. Dudenverlag. Mannheim u. a. 1996.

Duden. Redewendungen (2002): Wörterbuch der deutschen Idiomatik. 2., neu bearbeitete und aktualisierte Auflage. Herausgegeben von der Dudenredaktion. Dudenverlag. Mannheim u. a.

Duden (2004) = Duden. Die deutsche Rechtschreibung. 23., völlig neu bearbeitete und erweiterte Auflage. Herausgegeben von der Dudenredaktion. Auf der Grundlage der neuen amtlichen Rechtschreibregeln. Dudenverlag. Mannheim u. a. 2004.

Eisenberg, Peter / Hartmut Günther (Hrsg.): Schriftsystem und Orthographie. Max Niemeyer Verlag. Tübingen. 1989 (= RGL 97).

Eisenberg, Peter (1994): Grundriß der deutschen Grammatik. 3., überarbeitete Auflage. Verlag J. B. Metzler. Stuttgart, Weimar.

Eisenberg, Peter (1998): Grundriß der deutschen Grammatik. Band 1: Das Wort. Verlag J. B. Metzler. Stuttgart, Weimar.

Eisenberg, Peter (2002): Grundregeln der deutschen Orthographie. In: Wahrig (2002), S. 33–88.

Eroms, Hans-Werner / Horst Haider Munske (Hrsg.): Die Rechschreibreform. Pro und Kontra. Erich Schmidt Verlag. Berlin 1997.

Ewald, Petra (1995): Der Eine und der Andere. Zu einer wortartübergreifenden Großschreibungstendenz im 19. Jahrhundert. In: Petra Ewald und Karl-Ernst Sommerfeld (Hrsg.): Beiträge zur Schriftlinguistik. Festschrift zum 60. Geburtstag von Professor Dr. phil. habil. Dieter Nerius. Frankfurt am Main u. a., S. 89–101.

Ewald, Petra / Dieter Nerius (1988): Die Groß- und Kleinschreibung im Deutschen. VEB Bibliographisches Institut Leipzig.

Fleischer, Wolfgang / Irmhild Barz (1992): Wortbildung der deutschen Gegenwartssprache. Unter Mitarbeit von Marianne Schröder. Max Niemeyer Verlag. Tübingen.

Fleischer, Wolfgang (1997). Phraseologie der deutschen Gegenwartssprache. 2., durchgesehene und ergänzte Auflage. Max Niemeyer Verlag. Tübingen (1. Auflage 1982 VEB Bibliographisches Institut Leipzig).

Frnhd. Gr. = Oskar Reichmann / Klaus-Peter Wegera (Hrsg.): Frühneuhochdeutsche Grammatik von Robert Peter Ebert, Oskar Reichmann, Hans-Joachim Solms und Klaus-Peter Wegera. Max Niemeyer Verlag. Tübingen 1993.

Gallmann, Peter (1997): Zum Komma bei Infinitivgruppen. In: Augst, Gerhard u. a., Zur Neuregelung der deutschen Orthographie, S. 435 ff.

Gallmann, Peter / Horst Sitta (1996): Handbuch Rechtschreiben. Lehrmittelverlag des Kantons Zürich.

Handbuch des Friesischen / Handbook of Frisian Studies. Hrsg. von Horst Haider Munske in Zusammenarbeit mit Nils Århammar u. a. Max Niemeyer Verlag. Tübingen 2001.

Henne, Helmut (1996): Adelung, Johann Christoph. In: Lexicon Grammaticorum. Who's Who in the History of World Linguistics. General Editor: Harro Stammerjohann. Max Niemeyer Verlag, S. 8f.

Herberg, Dieter / Renate Baudusch (1989): Getrennt oder zusammen? Ratgeber zu einem schwierigen Rechtschreibkapitel. VEB Bibliographisches Institut Leipzig.

Ickler, Theodor (1997): Die sogenannte Rechtschreibreform. Ein Schildbürgerstreich. Leibniz Verlag. St. Goar.

Ickler, Theodor (2004): Normale deutsche Rechtschreibung. S*innvoll* schreiben, trennen, Zeichen setzen. 4., erw. Auflage. Leibniz Verlag. St. Goar.

Jensen, Hans (1969): Die Schrift in Vergangenheit und Gegenwart. Reprint der 3. Auflage VEB Deutscher Verlag der Wissenschaften. Berlin.

Kluge / Seebold (1995) = Kluge, Etymologisches Wörterbuch der deutschen Sprache. Bearbeitet von Elmar Seebold. 23., erweiterte Auflage. Walter de Gruyter. Berlin, New York 1995.

König, Werner (1989): Atlas zur Aussprache des Schriftdeutschen in der Bundesrepublik Deutschland. 2 Bände. Ismaning.

König, Werner (2004): Die Aussprache des Standarddeutschen als Sprachkontaktphänomen. In: Horst Haider Munske (Hrsg.), Deutsch im Kontakt mit germanischen Sprachen, S.175 – 202.

Lass, Roger (1999): The Cambridge history of English language. Volume 3. Cambridge University Press. Cambridge.

Meier, Helmut (1967): Deutsche Sprachstatistik. 2., vermehrte und verbesserte Auflage. Hildesheim.

Meinhold, Gottfried / Eberhard Stock (1982): Phonologie der deutschen Gegenwartssprache. VEB Bibliographisches Institut Leipzig.

Meinhold, Gottfried / Eberhard Stock (1981): Untersuchungen zu einer Reform der deutschen Orthographie auf dem Gebiet der Phonem-Graphem-Beziehung (GPB). In: Linguistische Studien Reihe A. Heft 83/I, S. 55–153.

Mhd. Gr. = Hermann Paul: Mittelhochdeutsche Grammatik. 23. Auflage, neu bearbeitet von Peter Wiehl und Siegfried Grosse. Max Niemeyer Verlag. Tübingen 1989.

Munske, Horst Haider (1993a): Wie entstehen Phraseologismen? In: Klaus J. Mattheier u. a. (Hrsg.),Vielfalt des Deutschen. Festschrift für Werner Besch. Frankfurt am Main u. a., S.481–516.

Munske, Horst Haider (1993b): *das* oder *daß*. Ein exemplarischer Fall der Orthographiegeschichte und Orthographiereform. In: Sprachwissenschaft 18 (1993), S. 406–416. Auch in: Munske (1997b), S. 207–220.

Munske, Horst Haider (1995): Zur Verteidigung der deutschen Orthographie: die Groß- und Kleinschreibung. In: Sprachwissenschaft 20, S. 278–322. Auch in: Munske, (1997b), S. 233–279.

Munske, Horst Haider (1997a): Über den Sinn der Großschreibung – ein Alternativvorschlag zur Neuregelung. In: Augst u. a. (1997), S. 397–418.

Munske, Horst Haider (1997b): Orthographie als Sprachkultur. Peter Lang. Frankfurt am Main u. a.

Munske, Horst Haider (1998): Was soll eine Orthographiereform leisten, was soll sie lassen? In: Sprachwissenschaft 23, S. 413–421.

Munske, Horst Haider (2001): Fremdwörter in deutscher Sprachgeschichte. Integration oder Stigmatisierung? In: Gerhard Stickel (Hrsg.), Neues und Fremdes im deutschen Wortschatz. Aktueller lexikalischer Wandel. Walter de Gruyter. Berlin, New York, S. 7–29.

Munske, Horst Haider (2004): Englisches im Deutschen. In: Horst Haider Munske (Hrsg.), Deutsch im Kontakt mit germanischen Sprachen. Max Niemeyer Verlag. Tübingen, S. 155–202.

Munske, Horst Haider (2005): Die angebliche Rechtschreibreform. Leibniz Verlag. St. Goar.

Nerius (2002) = Duden. Deutsche Orthographie. 3., neubearbeitete Auflage unter der Leitung von Dieter Nerius. Dudenverlag. Mannheim u. a. 2002.

Nerius, Dieter / Jürgen Scharnhorst (Hrsg.): Theoretische Probleme der deutschen Orthographie. Akademie-Verlag. Berlin 1980.

Paul, Hermann (1920): Prinzipien der Sprachgeschichte. 5. Auflage. Verlag von Max Niemeyer. Halle an der Saale.

Paul/Henne (2002) = Hermann Paul: Deutsches Wörterbuch. Bedeutungsgeschichte und Aufbau unseres Wortschatzes. 10., überarbeitete und erweiterte Auflage von Helmut Henne, Heidrun Kämper und Georg Objartel. Max Niemeyer Verlag. Tübingen 2002.

Penzl, Herbert (1970): Lautsystem und Lautwandel in den althochdeutschen Dialekten. Max Hueber Verlag. München.

Polenz, Peter von (2000/1994/1999): Deutsche Sprachgeschichte vom Spätmittelalter bis zur Gegenwart. Bd. I: Einführung. Grundbegriffe. 14.–16. Jahrhundert. 2. überarbeitete und ergänzte Aufl. (2000); Bd. II: 17. und 18. Jahrhundert (1994); Bd. III: 19. und 20. Jahrhundert (1999). Walter de Gruyter. Berlin / New York,

Pöhlmann, Egert (1986): Die Schriftreform in Athen um 403 und ihre Implikationen. In: Erziehungs- und Unterrichtsmethoden im historischen Wandel. Bad Heilbrunn, S. 51–64.

Rädle, Karin (2002): Groß- und Kleinschreibung des Deutschen im 19. Jahrhundert. Universitätsverlag Winter. Heidelberg.

Regeln für die deutsche Rechtschreibung nebst Wörterverzeichnis. Hrsg. im Auftrage des Königlich Preußischen Ministeriums der geistlichen, Unterrichts- und Medizinal=Angelegenheiten. Neue Bearbeitung. Weidmannsche Buchhandlung. Berlin 1902. Auch abgedruckt in Nerius/Scharnhorst (1980) S. 351–371.

Röhrich, Lutz (1991/92): Das große Lexikon der sprichwörtlichen Redensarten. 3 Bände. Verlag Herder. Freiburg, Basel, Wien.

Ruge, Nikolaus (2004): Aufkommen und Durchsetzung morphembezogener Schreibungen im Deutschen 1500–1770. Universitätsverlag Winter. Heidelberg.

Schrift und Schriftlichkeit. Ein interdisziplinäres Handbuch internationaler Forschung. Hrsg. von Hartmut Günther und Otto Ludwig. Zusammen mit Jürgen Baurmann u. a. Zwei Halbbände. Walter de Gruyter. Berlin, New York 1994 und 1996 (HSK Bd. 10.1 und 10.2).

Seidelmann, Erich (1976): Deutsche Hochsprache und regionale Umgangssprache in phonologischer Hinsicht. In: Friedhelm Debus / Joachim Hartig (Hrsg.), Festschrift für Gerhard Cordes zum 65. Geburtstag. Neumünster, S. 354–388.

Simmler, Franz (2004): Probleme frühneuhochdeutscher Orthographie. Die Rolle von Doppelkonsonanten. In: Sprachwissenschaft 29, S. 207–255.

Sprachatlas von Mittelfranken. Hrsg. von Horst Haider Munske und Alfred Klepsch. 7 Bände. Universitätsverlag Winter. Heidelberg 2003 ff. (= Bayerischer Sprachatlas. Regionalteil 2).

Sprachgeschichte. Ein Handbuch zur Geschichte der deutschen Sprache und ihrer Erforschung. Hrsg. von Werner Besch, Anne Betten, Oskar Reichmann, Stefan Sonderegger. 2., vollständig neu bearbeitete und erweiterte Auflage. 4 Teilbände. Walter de Gruyter. Berlin, New York 1998 – 2004 (HSK 2.1–2.4).

Stock, Eberhard (1996): Deutsche Intonation. Langenscheidt Verlag Enzyklopädie. Leipzig u. a.

Volland, Brigitte (1986): Französische Entlehnungen im Deutschen. Transferez und Integration auf phonologischer, graphematischer, morphogischer und lexikalisch-semantischer Ebene. Max Niemeyer Verlag. Tübingen (Linguistische Arbeiten 163).

Wahrig (2002) = Wahrig. Universalwörterbuch Rechtschreibung. Von Dr. Renate Wahrig-Burfeind. Mit einem kommentierten Regelwerk von Professor Dr. Peter Eisenberg. Deutscher Taschenbuch Verlag. München 2002.

Weinrich, Harald (1993): Textgrammatik der deutschen Sprache. Unter Mitarbeit von Maria Thurmair, Eva Breindl, Eva-Maria Willkop. Dudenverlag. Mannheim u. a.

Wilmanns, Wilhelm (1887): Die Orthographie in den Schulen Deutschlands. Zweite umgearbeitete Auflage des Kommentars zur preußischen Schulorthographie. Weidmannsche Buchhandlung. Berlin.

Wolf, Herbert (1980): Martin Luther. Eine Einführung in germanistische Luther-Studien. J.B. Metzlersche Verlagsbuchhandlung. Stuttgart

Wüster, Eugen (1962): Vereinfachung der Groszschreibung durch Beseitigung willkürlicher Kleinschreibungen. Verlag Verein «Muttersprache». Wien.

Zabel, Hermann (1989): Der gekippte Keiser. Dokumentation einer Pressekampagne zur Rechtschreibreform. Studienverlag Fr. N. Brockmeyer. Bochum.

Zabel, Hermann (1997): Die neue deutsche Rechtschreibung. Überblick und Kommentar. Bertelsmann Lexikon Verlag, Gütersloh.

Zur Neuregelung der deutschen Rechtschreibung. Der kommentierte Vorschlag der Kommission für Rechtschreibfragen des Instituts für deutsche Sprache, Mannheim, und die Stellungnahme der Gesellschaft für deutsche Sprache, Wiesbaden. Hrsg. von der Kommission für Rechtschreibfragen des Instituts für deutsche Sprache, Mannheim. Schwann. Düsseldorf 1989.

Zur Reform der deutschen Rechtschreibung. Ein Kompromißvorschlag. Hrsg. von der Deutschen Akademie für Sprache und Dichtung. Wallstein Verlag. Göttingen 2003.

Anmerkungen

1 Jensen (1969), S. 440 ff., Schrift und Schriftlichkeit (1994), S. 329 ff. und 511 ff.
2 Pöhlmann (1986)
3 Paul / Henne (2002), S. 786.
4 Mhd. Gr. § 142.
5 Siehe dazu ausführlich Lass (1999).
6 Vgl. dazu die Artikel von Wolfram Müller-Yokota und Wolfgang Lippert in Schrift und Schriftlichkeit (1994), S. 347 ff. und 1996 S. 1467 ff.
7 Siehe König (1989).
8 Siehe dazu Carney (1994), S. 483 ff.
9 Siehe dazu den Artikel von Anthonia Feitsma in Handbuch des Friesischen (2001), S. 116 ff.
10 Dies geschieht z. B. in modernen Sprachatlanten, etwa dem ‹Sprachatlas von Mittelfranken› (2003 ff.), der die Originalbelege in langen Beleglisten verzeichnet.
11 Bußmann (2002), S. 510.
12 König (1989).
13 Ich übernehme diese Termini von Althaus (1980); daneben werden in der Fachliteratur auch andere benutzt, wie viele Artikel in Schrift und Schriftlichkeit (1994/1996), S. 1368 ff. zeigen, vgl. auch Nerius (2000).
14 Munske (1997b), S. 75 ff.
15 Eine ausführliche Darstellung bietet Nerius (2000) S. 119 ff.
16 Zur Neuregelung der deutschen Rechtschreibung (1989), S.141.
17 Dies wird anschaulich bei Penzl (1971) dargestellt, siehe auch Simmler in Sprachgeschichte (1998 ff.), S. 1155 ff. und 1527 ff.
18 Simmler (2004).
19 Auszählung von Meinhold/ Stock (1981) anhand des Kaeding-Corpus.
20 Einige Aspekte dieser Darstellung verdanke ich Eisenberg (1998), S. 286 ff.
21 Wilmanns (1887), S. 81 f., Frnhd. Gr. S. 27 f., Mhd. Gr. S. 105 f.
22 Zabel (1989) «der gekippte Keiser».
23 Brenner (1902), S. 47.
24 Vgl. Mhd. Gr. S. 151 ff. und Frnhd. Gr. S. 107 ff., Wilmanns (1887), S. 143 ff.
25 Wie häufig Fremdwörter auf ‹v› im Deutschen sind, zeigt eine Statistik in Munske (1997b), S.128 ff.
26 Dazu zusammenfassend Nerius (2000) S. 146 ff.

27 Im Detail handelt es sich hier um eine Opposition, die aus verschiedenen lautlichen Merkmalen gebildet wird. Sie wird unter dem Oberbegriff ‹Stimmhaftigkeitskorrelation› zusammengefaßt; dazu näheres bei Seidelmann (1976).
28 Mhd. Gr. § 99.
29 Ruge (2004).
30 Vgl. dazu auch die Artikel von Michael Stubbs (The Englisch writing system), Nina Catach (The French writing system) und Peter Eisenberg (Das deutsche Schriftsystem) in Schrift und Schriftlichkeit (1996), S. 1441 ff.
31 Vollständige Aufzählung in Deutsche Rechtschreibung (1996), 28 ff.
32 Von Polenz, Sprachgeschichte III (1999), S. 41 ff.
33 Gallmann/Sitta, Handbuch Rechtschreiben (1996) S. 82 f.
34 «Die Fehler der Rechtschreibreform», in: Schweizer Monatshefte, November 2003; auch abgedruckt in «Die angebliche Rechtschreibreform», 2005, S. 12 – 19.
35 Deutsche Rechtschreibung (1992), S. XVI.
36 Meier (1967).
37 Munske (1993b), S. 207 ff.
38 Von Polenz, Sprachgeschichte III, S. 486 f.
39 Deutsche Rechtschreibung (1996), S. 23.
40 Das Grimmsche Wörterbuch wurde erst im Jahre 1954, 100 Jahre nach Erscheinen des ersten Bandes, abgeschlossen. Auch die Neubearbeitung der ersten von Jacob und Wilhelm Grimm verfaßten Bände, an der noch immer gearbeitet wird, setzt die Tradition dieser Kleinschreibung fort.
41 Sie entspricht Abschnitt VII eines Essays aus der Frankfurter Allgemeinen Zeitung vom 1.12.04.
42 Diese ‹Entwicklung der Großschreibung im Deutschen von 1500 – 1700› zeichnen Bergmann/Nerius (1998) in umfassender Analyse sowohl des Schreibgebrauchs wie der Regeldarstellung durch die Grammatiker nach. Eine Kurzfassung findet sich in Nerius (2000), S. 277 ff. im Rahmen einer Übersicht zur Orthographiegeschichte.
43 Zur Frakturschrift s. Rädle (2002), S. 54 ff.
44 Bußmann (2002), S. 147 f.
45 Siehe dazu Ewald/Nerius (1988), S. 36.
46 Ausführlich dazu Fleischer/Barz (1992).
47 Andere Auffassung vertreten u. a. Eisenberg (1998) und Weinrich (1993), sie sprechen hier von ‹Nominalisierung›.
48 Siehe dazu Diewald (1997).
49 In attributiver Verwendung ersetzen sie einen Artikel und werden deshalb von einigen Grammatikern, z. B. Eisenberg und Weinrich, zu den Artikeln bzw. Artikelwörtern gezählt. Als Pronomina gelten sie nur dann, wenn sie in der syntaktischen Rolle von Substantiven auftreten.

50 Vgl. Eisenberg (1994), S. 198 ff.
51 Das Protokoll dieser Sitzung war lange verschollen. Es wurde in Nerius/Scharnhorst (1980), S. 330 – 350 wiederabgedruckt. S. 350 – 371 findet sich außerdem ein Abdruck der offiziellen ‹Regeln für die deutsche Rechtschreibung nebst Wörterverzeichnis› vom Jahre 1902, die noch heute lesenswert sind.
52 Wilmanns hatte wesentlichen Anteil an der Formulierung der 1901 vereinbarten Regeln und wurde damals vielfach als deren Verfasser bezeichnet. Das weist er im Vorwort seines Buches ‹Die Orthographie in den Schulen Deutschlands. Kommentar zur preußischen Schulorthographie› von sich, bestätigt seine bestimmende Rolle jedoch zugleich durch den Hinweis auf die Mitwirkung anderer, vor allem aber durch diesen Kommentar selbst.
53 Die Grammatiken haben sehr unterschiedliche Einteilungen. Ich schließe mich der ausführlichen Darstellung in der Textgrammatik von Weinrich (1993) an.
54 Die Pluralformen *die einen, einzelne/die einzelnen* sind zu den Indefinitpronomina zu zählen.
55 Eine sehr treffende Erläuterung dieser Zuordnung bietet Weinrich (1993), S. 455. Das gesamte Thema wird auch ausführlich behandelt in Munske (1997a), S. 249 – 270.
56 Siehe dazu Burger (1998), Fleischer (1997), Munske (1993a).
57 Duden Redewendungen (2002), S. 454.
58 Röhrich (1992), S. 912.
59 Duden (1996), S. 698.
60 Duden (2004), S. 912.
61 Der bekannteste Vertreter dieser Richtung war Eugen Wüster mit seiner Schrift ‹Vereinfachung der Groszschreibung durch Beseitigung willkürlicher Kleinschreibungen› (1962). Eine etwas neuere Zusammenfassung der Diskussion stammt von Otto Back, Zur Klein- und Groß-Schreibung im Deutschen. Probleme und Standpunkte (1979). Noch heute hat diese Reformrichtung ihre Unterstützer vor allem in Österreich und der Schweiz.
62 Warum hier der alte Duden (1991) Großschreibung verlangte, ist wirklich unerfindlich, wo doch *geratewohl* ein ‹unikales› Element ist.
63 Dies hat eben heute, während ich dies schreibe, ein bedeutender Kenner der Orthographie, Herbert E. Brekle, in einem Leserbrief der FAZ vom 10.3.05 so formuliert: «Das klassische Regelgebäude der deutschen Rechtschreibung ist das Ergebnis eines 200jährigen konsensualen Prozesses, in dem die Gewichtung phonologischer, morphologischer und syntaktischer Faktoren sorgfältig austariert und sukzessive explizit konventionalisiert wurde.»
64 Siehe dazu Ewald (1995) und ausführlich Rädle (2002).

65 Wilmanns (1887) S. 175.
66 Einen entsprechenden Vorschlag habe ich im Internationalen Arbeitskreis für Orthographie, zuletzt auf der Wiener Rechtschreibkonferenz 1994 vertreten. Siehe dazu Munske (1997a).
67 Zabel (1997), S.128 formuliert sie so: «Ein Wort ist ein Substantiv (Hauptwort), wenn es möglich und sinnvoll ist, einen bestimmten oder unbestimmten Artikel vor das Wort zu setzen.»
68 So nennt man gerne den ersten Duden, der den Titel trug ‹Vollständiges orthographisches Wörterbuch der deutschen Sprache›.
69 Fleischer (1982), 2. Aufl. (1997), Burger (1998).
70 Fleischer (1997) grenzt sie allerdings gegen die eigentlichen Phraseologismen ab.
71 Nur einen kleinen Teil findet man in Duden, Redewendungen (2002), der in erster Linie verbale metaphorische Wendungen verzeichnet.
72 Bischoff (1986), S.224 ff.
73 Dazu Munske (2004), S. 130 – 132.
74 Bußmann (2002), S. 72.
75 Dazu auch Herberg/Baudusch (1989), S.15 f.
76 Duden (1880), S. 8, 14, 151.
77 Am genauesten ausgeführt ist dies in der 6. (und letzten) Auflage des Leipziger Dudens (1985), sprachwissenschaftlich erläutert wurde es in Herberg/Baudusch (1989), einem noch heute lesenswerten Büchlein mit über 5000 Fällen der Getrennt- und Zusammenschreibung.
78 Inzwischen gibt es dazu mehrere kompetente Darstellungen, vor allem in Eisenberg (1994), S. 316 – 326 und (2002), S. 49 – 59 sowie Ickler (1997), S. 48 – 90 und (2004), S. 34 – 39; die neuen Regeln sind erläutert bei Gallmann/Sitta(1996), S. 89 – 106, Nerius (2000), S. 173 – 181, in neuester Fassung Duden (2004) S. 41 – 47.
79 Herberg/Baudusch (1989) führen S.105 ff. über 250 solcher trennbaren Verben an.
80 Dazu ausführlicher in Munske (1997b), S. 155 – 163. Eine Häufigkeitsstatistik der Fremdgrapheme im Deutschen findet sich dort S.109 – 154.
81 Dies wird näher ausgeführt in Munske (2001).
82 Dazu ausführlich Volland (1986).
83 Siehe Kluge/Seebold (1995), S. 606. Dort heißt es weiter: «Der *Pädagoge* war ursprünglich ein Sklave, der die Kinder führte und begleitete; daraus entwickelt sich dann die Bedeutung ‹Betreuer, Lehrer›.»
84 Dazu Stock (1996).
85 Die ausführlichste Darstellung bietet Baudusch (1984), Neufassung (2000), alle Regeln enthält der Duden (2004), kürzere Zusammenfassungen finden sich bei Eisenberg (2002), S. 76 ff. und Ickler (2004), S. 24 ff., linguistische Erörterungen bei Behrens (1989) und Gallmann in Schrift und Schriftlichkeit (1996), S. 1456 ff.

86 Nachweis durch Behrens (1989) und Gallmann in Augst u. a. (1997), S. 435 ff.
87 Vgl. dazu den Artikel ‹Writing and Religion› von Philip C. Stine in Schrift und Schriftlichkeit (1994), S. 604 ff.
88 Weiteres dazu in Munske (1997b), S. 102.
89 Jensen (1969), 510 ff.
90 Darin folge ich der neueren Orthographieforschung, vor allem den Arbeiten von Dieter Nerius, zusammengefaßt in Nerius (2000). Dazu auch Munske (1997b), 291 ff.
91 Wolf (1980), S. 58 ff.
92 Dies haben die Untersuchungen von Bergmann/Nerius (1998) eindeutig bestätigt.

Sprache und Literatur

Jürgen August Alt
Richtig argumentieren
oder wie man in Diskussionen Recht behält
6. Auflage. 2004. 167 Seiten mit 3 Abbildungen und 3 Tabellen. Paperback
Beck'sche Reihe Band 4035

Hans Peter Althaus
Chuzpe, Schmus & Tacheles
Jiddische Wortgeschichten
2004. 176 Seiten. Paperback
Beck'sche Reihe Band 1563

Hans-Dieter Gelfert
Was ist gute Literatur?
Wie man gute Bücher von schlechten unterscheidet
2004. 220 Seiten. Paperback
Beck'sche Reihe Band 1591

Harald Haarmann
Kleines Lexikon der Sprachen
Von Albanisch bis Zulu
2., überarbeitete Auflage. 2002. 455 Seiten mit 1 Karte. Paperback
Beck'sche Reihe Band 1432

Göran Hägg
Die Kunst, überzeugend zu reden
44 kleine Lektionen in praktischer Rhetorik
Aus dem Schwedischen von Susanne Dahmann
2., durchgesehene Auflage. 2003. 248 Seiten. Paperback
Beck'sche Reihe Band 1525

Verlag C. H. Beck München

Sprache und Literatur

Christoph Gutknecht
Ich mach's dir mexikanisch
Lauter erotische Wortgeschichten
2004. 245 Seiten mit 9 Abbildungen. Paperback
Beck'sche Reihe Band 1592

Christoph Gutknecht
Pustekuchen!
Lauter kulinarische Wortgeschichten
2. Auflage. 2002. 288 Seiten mit 12 Abbildungen. Paperback
Beck'sche Reihe Band 1481

J. Dominik Harjung
Lexikon der Sprachkunst
Die rhetorischen Stilformen. Mit über 1000 Beispielen
2000. 478 Seiten. Paperback
Beck'sche Reihe Band 1359

Klaus Mackowiak
Die 101 häufigsten Fehler im Deutschen
und wie man sie vermeidet
2., überarbeitete Auflage. 2005. 194 Seiten. Paperback
Beck'sche Reihe Band 1667

Willy Sanders
Gutes Deutsch
Stil nach allen Regeln der Kunst
2002. 190 Seiten. Paperback
Beck'sche Reihe Band 1491

Harald Weinrich
Linguistik der Lüge
6., durch ein Nachwort erweiterte Auflage. 2000. 90 Seiten. Paperback
Beck'sche Reihe Band 1372

Verlag C. H. Beck München